"十四五"职业教育山西省规划教材

智慧旅游创新实践教材

LÜYOU DASHUJU FENXI SHIXUN

旅游大数据分析实训

韩一武◎总主编
李 云 王亚丽 陈 亮◎主 编
丁原祖 李 玮 闫 军◎副主编

北京·旅游教育出版社

图书在版编目（CIP）数据

旅游大数据分析实训 / 李云，王亚丽，陈亮主编
. -- 北京：旅游教育出版社，2024.11
ISBN 978-7-5637-4522-7

Ⅰ．①旅… Ⅱ．①李… ②王… ③陈… Ⅲ．①旅游业
－数据处理－教材 Ⅳ．①F59-39

中国国家版本馆CIP数据核字(2023)第003351号

旅游大数据分析实训

李云　王亚丽　陈亮　主编

丁原祖　李玮　闫军　副主编

责任编辑	陈凤玲
出版单位	旅游教育出版社
地　　址	北京市朝阳区定福庄南里1号
邮　　编	100024
发行电话	（010）65778403　65728372　65767462（传真）
本社网址	www.tepcb.com
E - mail	tepfx@163.com
排版单位	北京旅教文化传播有限公司
印刷单位	三河市灵山芝兰印刷有限公司
经销单位	新华书店
开　　本	710毫米×1000毫米　1/16
印　　张	14.25
字　　数	180千字
版　　次	2024年11月第1版
印　　次	2024年11月第1次印刷
定　　价	49.00元

（图书如有装订差错请与发行部联系）

智慧旅游创新实践教材编委会

总 主 编：韩一武

执行总主编：丁原祖　贾雪梅

委　　员（按姓氏笔画顺序排列）：

马素萍　马　雯　王亚丽　王晓岗　王梅音

王慧盟　冯雅韵　闫　军　李　云　李　玮

李晓俊　李晓婧　张　焱　陈　亮　武颜军

周　倩　郑　媛　赵治龙　胡　月　袁　芬

聂艳芳　郭艳萍　郭　惠　梁　玲　彭露露

韩　玮　潘贵忠

《旅游大数据分析实训》编委会

主　　编：李　云　王亚丽　陈　亮

副 主 编：丁原祖　李　玮　闫　军

委　　员：王梅音　马素萍　李晓俊　张　焱　郭　惠

　　　　　郭旭敏　贾雪梅　聂艳芳　郭艳萍　常宏伟

　　　　　韩　玮　潘贵忠

总　序

　　大数据时代，信息技术赋予了旅游业新的活力，数字化和信息化达到了新的高度，旅游业发生了革命性的变化。《"十四五"旅游业发展规划》提出要推进以"互联网+"为代表的旅游场景化建设，加强旅游大数据基础理论研究，推动区域性和专题性旅游大数据系统建设，鼓励依法依规利用大数据等手段，提高旅游营销传播的针对性和有效性。这些政策体现了强化旅游科技支撑和发展数字经济的重要作用。随着数字旅游市场的快速增长，旅游大数据建设和管理人才紧缺，各种旅游场景的建设运营均需要既有业务视野也有大数据能力的人才，旅游管理相关专业必须结合数字化实现转型升级，以满足数字化浪潮下旅游产业对人才的需求。

　　在数字文旅建设背景下，太原旅游职业学院紧扣时代和行业需求，积极开展旅游管理类专业智慧化升级改革，依托旅游管理、智慧旅游技术应用、智慧景区开发与管理、酒店管理与数字化运营、大数据技术、网络营销等专业组建旅游管理专业群。专业群以立德树人为根本，以传统旅游业的改造升级和旅游新业态的发展创新为目标，以"教师—教材—教法"为核心建设内容，着力打造"德技兼修、课证融通、实境育人"的工学结合人才培养模式，探索职业本科层次的人才培养路径，建立教师教学创新团队，建设线上线下混合式教学、课程思政案例库等为特色的专业群课程体系，出版地方特色丛书及融媒体专业课程教材，辅以技术技能平台，加强国际合作，提升社会服务能力，以产教融合、服务需求、重构体系、创新模式的专业建设思路和实践，为数字文旅的发展提供人才支撑。

  本套教材是我院旅游管理专业群智慧化升级改革建设成果，采用"校企合作、双元开发"方式，依据智慧旅游的实际应用场景，围绕旅游大数据的获取、处理、分析和应用，旅游新媒体营销的认知、策划和实施等核心技能编写。教材结构清晰，逻辑严密，案例新颖，"课、岗、训"融合特色突出，具有较强的实用性。为了便于教学，本套教材同时配有PPT、课后题答案、二维码等丰富的教学资源。

总主编：

2023 年 9 月

前 言

在旅游行业数字化转型的迅猛浪潮下,大数据分析已成为推动行业革新的核心动力,从游客的出行决策到旅游企业的运营管理,从旅游目的地的规划开发到旅游市场的精准营销,大数据分析的身影无处不在,为旅游行业的发展注入了全新的活力与无限的可能。

本书作为《旅游大数据分析》配套的实训教材,紧密围绕旅游行业的真实业务场景,精心挑选了部分具有代表性的真实案例,将学习者带入沉浸式的实战氛围,深度理解大数据分析在旅游场景中的应用逻辑。从精准预测旅游市场需求的起伏,到剖析游客复杂的行为模式;从优化旅游产品的设计与推广,到制定目的地营销策略,覆盖了旅游大数据分析的大部分应用点。

本书遵循由浅入深、循序渐进的原则,围绕旅游大数据的采集、清洗、分析和可视化流程划分为 16 个实训内容。实训 1、实训 2 和实训 3 介绍如何使用八爪鱼数据采集工具和 Excel 进行旅游数据的采集、清洗和分析。实训 4 和实训 5 介绍如何使用 Python 爬取景点数据并绘制评价词云图。实训 6 介绍如何使用 Excel 进行游客满意度 IPA 分析。实训 7 介绍如何使用 SPSS 和 Excel 进行客流趋势分析。实训 8 介绍如何使用 Tableau 和 Excel 进行客流空间分布分析。实训 9 介绍如何使用 Tableau 进行旅游企业销售分析。实训 10 介绍如何使用 Excel 制作景点数据"动态看板"。实训 11 和实训 12 介绍如何使用

Excel 进行酒店推荐分析和投资运营决策分析。实训 13 介绍如何使用 Excel 和 ArcGIS 软件进行山西传统村落空间分布特征分析。实训 14 介绍如何使用 Excel 和 ROST CM6 软件对山西 5A 景区进行分析。实训 15 介绍如何使用 AI 自动生成旅游行程规划。实训 16 从相关法律法规的角度对旅游数据泄露案例进行分析。通过这些实训，学习者将逐步掌握数据采集、清洗、分析和可视化的全流程技术，深入理解如何运用大数据思维解决旅游行业面临的实际问题。

  本书由太原旅游职业学院李云、王亚丽和上海棕榈电脑系统有限公司陈亮进行规划与统稿，实训 1、实训 2 和实训 3 由太原旅游职业学院李玮编写，实训 4 由山西青年职业学院郭旭敏编写，实训 5、实训 7 和实训 8 由山西旅游职业学院郭惠编写，实训 6 和实训 9 由太原旅游职业学院李云编写，实训 10 和实训 15 由太原旅游职业学院闫军编写，实训 11 和实训 12 由太原旅游职业学院常宏伟编写，实训 13 和实训 14 由太原旅游职业学院王亚丽编写，实训 16 由太原旅游职业学院王梅音编写，部分旅游数据由上海棕榈电脑系统有限公司韩玮和北京世纪荣鼎健康科技研究院潘贵忠提供，太原旅游职业学院丁原祖、聂艳芳、贾雪梅，山西旅游职业学院郭艳萍为本书提供了大量的旅游大数据分析案例和素材。太原旅游职业学院李云、王亚丽、李玮、王梅音、闫军、李晓俊、常宏伟、张焱、马素萍，山西旅游职业学院郭艳萍、郭惠，山西青年职业学院郭旭敏参与了本书相关教学视频的录制。在此，衷心感谢山西旅游职业学院、山西青年职业学院、上海棕榈电脑系统有限公司、北京世纪荣鼎健康科技研究院、旅游教育出版社等单位和编写团队的倾情付出和全力支持。

  由于编者水平有限，本书难免有疏漏和不足之处，恳请广大读者及专家批评指正。

编者
2024 年 11 月

目 录

实训 1　数据采集 …………………………………………………………… 1
实训 2　数据清洗 …………………………………………………………… 14
实训 3　数据分析 …………………………………………………………… 24
实训 4　使用 Python 爬取旅游景点数据 ………………………………… 32
实训 5　使用 Python 绘制景点评价词云图 ……………………………… 45
实训 6　游客满意度 IPA 分析 …………………………………………… 61
实训 7　客流趋势分析 ……………………………………………………… 70
实训 8　客流分布分析 ……………………………………………………… 86
实训 9　旅游企业销售分析 ………………………………………………… 98
实训 10　制作景点数据"动态看板" ……………………………………… 116
实训 11　酒店推荐分析 …………………………………………………… 126
实训 12　酒店投资运营决策分析 ………………………………………… 147
实训 13　山西传统村落分布特征分析 …………………………………… 160
实训 14　山西 5A 级景区相关分析 ……………………………………… 180
实训 15　AI 自动生成旅游行程规划 ……………………………………… 201
实训 16　旅游数据泄露案例分析 ………………………………………… 212

实训 1　数据采集

[实训场景]

随着数字化时代的到来,大数据技术对旅游行业的发展与走向产生了深远的影响。在激烈的市场竞争环境下,应用大数据技术实现旅游行业数据的获取、分析和挖掘,可以更加及时掌握旅游行业的发展动态,合理调整旅游产品和资源的供给,精准制定市场策略和经营决策,为游客提供更加完善的旅游产品和更优良的用户体验,从而进一步推动旅游行业的发展。因此,掌握大数据应用技术成了旅游从业者的必备技能之一。

[实训目标]

- 掌握数据采集的原理。
- 掌握数据采集任务的规划与设计。
- 掌握数据采集的操作步骤与具体方法。

[实训准备]

一、必备知识

1.明确数据采集目标

在大数据分析中,数据采集的目标设定是确保数据收集过程既高效又符合业务需求的关键步骤。明确数据采集的目标,是为了支持业务决策、优化产品、改进服务或是其他;另外,要深入了解业务需求,确保采集的数据与业务目标紧密相关。

2. 确定数据采集来源

旅游大数据的来源广泛，旅游企业运营过程中产生的业务数据，景区、酒店、交通运输部门产生的票务和订单数据，旅游相关的政府职能部门产生的旅游业统计数据，是传统旅游数据的主要来源，以结构化的数据为主。此外，还有更多来自旅游 OTA（Online Travel Agency，即在线酒店、旅游、票务等预订系统平台统称）站点、旅游论坛、社交媒体以及物联网中的半结构化数据和非结构化数据，这些也是旅游大数据的重要来源。

3. 选择采集工具

来自互联网的旅游大数据产生速度快、时效性强、数据规模大，传统的数据采集方法已经无法满足大数据时代对数据采集的需求。当前，互联网大数据采集可以通过站点或应用公开的 API（Application Program Interface，应用程序接口）进行采集；也可以在确保数据采集过程符合数据保护、数据安全、数据隐私等法律法规的前提下，使用"网络爬虫"对互联网中的公开数据进行采集。网络爬虫可以根据预先设定的规则，自动提取其能够访问的web页面内容，如时间、标题、浏览数量、点评数量及主题等，为数据分析提供数据来源。

"工欲善其事，必先利其器"，选择一款合适的数据采集工具，可以使数据采集工作事半功倍。八爪鱼采集器是一款通用的网页数据智能采集工具，可以采集所有网络公开数据，用户无须学习编程，通过简单操作，即可实现高效的大规模数据采集。

二、环境要求

八爪鱼采集器。

操作视频1：
数据采集

[实训步骤]

步骤一：分析采集网页

数据采集的目标网页通常为动态网页，通过 AJAX 技术（全称为 Asynchronows JavaScript and XML，可在不重新加载整个页面的情况下，对网页的部分内容进行更新）来加载数据。在动态网页上进行不同的操作，如点击页面链接、采用关键字搜索、设置筛选项、排序，会生成内容和结构均不相同的结果页面，因此在采集数据之前，需要设定明确的采集目标，并通过多次测试以确保所要采集的目标动态网页的准确、一致，为最终数据的成功采集奠定基础。本实训任务的数据采集目标为携程旅行网四川省各景点基本数据。经过多次测试，确定以下流程得到最终数据采集目标动态网页。

在浏览器地址栏中输入本次数据采集任务的数据源携程旅行网的 URL 地址 https://www.ctrip.com/，在网页的左侧导航列表中点击"攻略·景点"选项。在搜索框中输入"四川"，在弹出的关键字推荐列表中选择第一项"四川，中国"，如图 1-1 所示。

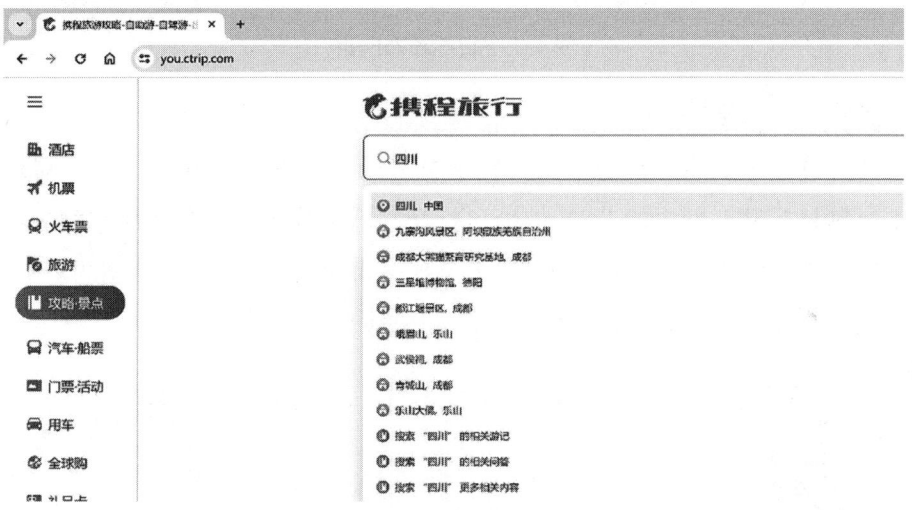

图 1-1　生成数据采集目标动态网页（截图）

在新生成的网页中，选择水平导航列表中的"景点"，最终生成的页面即为本次数据采集的目标动态网页，如图 1-2 所示。

图 1-2 目标动态网页

步骤二：新建任务

在计算机中安装八爪鱼采集器，本书采用的版本为 8.7.0。在浏览器地址栏中复制目标动态网页的 URL 地址，打开八爪鱼采集器，在软件左侧的功能列表中选择"新建"，在弹出的菜单中选择"自定义任务"；将复制的 URL 地址粘贴到网址输入框中，并保存设置，如图 1-3 所示。

图 1-3 新建任务

实训 1　数据采集

八爪鱼采集器在软件的主界面中打开了采集目标动态网页。在主界面顶端的地址栏右侧，有浏览模式切换按钮，如图 1-4 所示。开启浏览模式，可以像在浏览器中一样正常点击网页；关闭浏览模式，可以通过点击按钮、超链接、搜索框等页面元素，结合"操作提示"及"采集流程"区域设定采集规则。

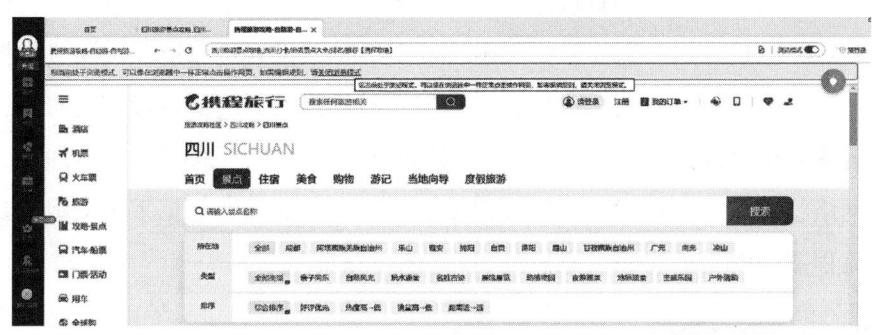

图 1-4　浏览模式

步骤三：修改采集流程中模块的名称

在操作页面元素的同时，结合软件所提供的操作提示，可以生成数据采集流程。点击采集流程中的每个模块，即可实现对页面的同步操作控制。点击每个模块右侧的"…"，如图 1-5 所示，可以对模块进行修改名称、复制、粘贴、删除等基本操作。在此，将"打开网页"修改为"打开采集目标网页"。对采集流程中模块的重命名可以使整个采集流程更加清晰明了。

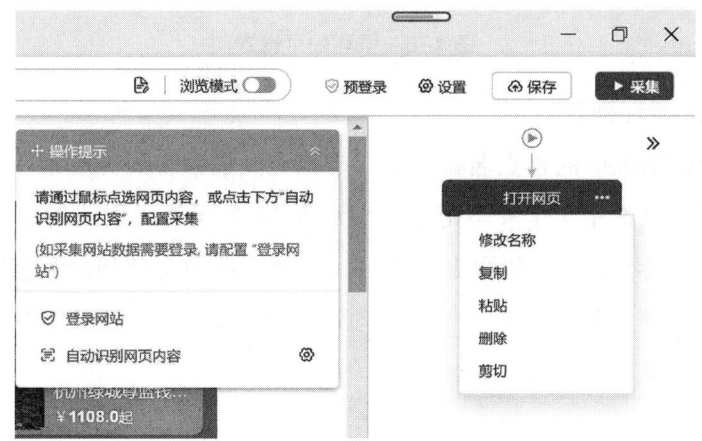

图 1-5　修改采集流程中模块的名称

步骤四：循环翻页

通过搜索，可以看到四川地区的景点众多，网站采取了分页的形式显示搜索结果。为了采集到所有景点的数据信息，采集器需要循环翻页，并进入各个景点的二级页面获取具体的数据。在此需要预先设置循环翻页：拖动"滚动条"至页面底部，选择翻页按钮">"，在操作提示中选择"循环点击"，设置"按钮 Ajax 加载时间"为 3 秒，如图 1-6 所示。该设置可以避免因采集数据而频繁请求网页，对服务器造成巨大的压力，最终给采集网址造成不良影响；同时设置充足的 Ajax 加载时间，也可以使页面内容有充足的时间进行加载，避免在网络状况不佳的情况下，因页面无法及时加载而导致数据采集失败。最后修改流程图中的当前步骤"景点列表""循环翻页"。

图 1-6 循环翻页设置

步骤五：循环列表

点击搜索结果中的景点名称，如"成都大熊猫繁育研究基地"，在操作提示中会出现"已选中 1 个文本链接，识别到 10 个同类元素列表，可以进行以下操作："的提示信息，如图 1-7 所示。选择"选中全部相似元素"，在"鼠标操作"中选择"循环点击"。在操作提示中选择"不需要"在当前页面设置翻页采集。

实训 1　数据采集

图 1-7　循环列表设置

设置该步骤名称为"循环景点列表",将"点击元素"名称修改为"进入景点详情页",将"循环景点列表"模块拖动至"景点循环翻页"上方,如图 1-8 所示。

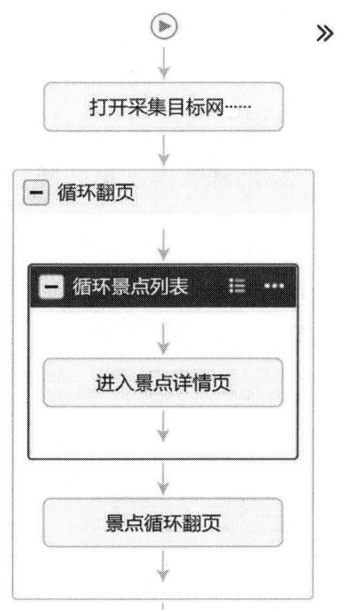

图 1-8　移动模块

| 7 |

步骤六：采集常规字段

在景点详情页面，依次选择景点名称、景点等级、景点热度、综合评分、地址、开放时间、电话号码等基本信息字段，在操作提示界面中点击"元素中的数据"，并在数据预览区域修改采集字段的字段名称，如图1-9所示。这些字段的数据无需做额外的设置，直接采集即可得到预期结果。

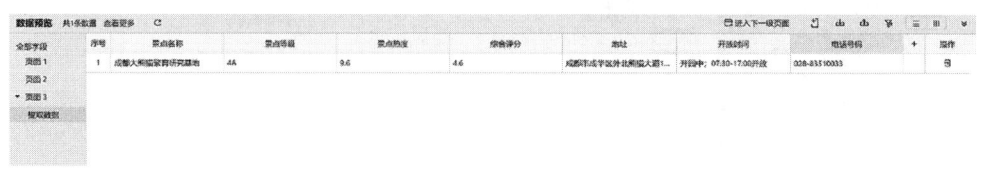

图1-9 常规字段采集设置

步骤七：采集特殊字段

在网页的用户点评区域，各景点的点评分类差异较大，在此仅将"全部点评"数、"好评"数、"差评"数作为采集对象。观察各个景点的用户点评分类会发现，"全部点评"数和"好评"数列点评类型的第一位和第二位；但"差评"数在不同经典的用户点评区域位置各不相同。

采集"全部点评"数和"好评"数。选择点击用户点评分类标签中的"全部"，在操作提示中的"提取数据"中点击"文本内容"，如图1-10所示。采用同样的步骤将标签"好评"添加到数据预览区域，并修改字段名称。

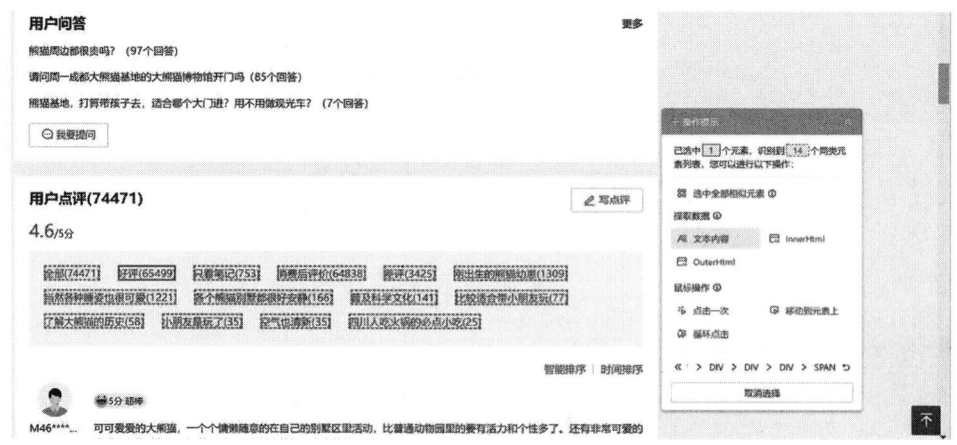

图1-10 特殊字段采集

在采集的结果中不仅包含了点评的数量，也包括了点评标签的文本。在八爪鱼采集器中，可以采用多种不同的方法对采集的数据进行格式化处理。以下介绍两种不同的数据格式化方法。

方法一：替换

点击字段"全部"，在弹出的菜单中选择"格式化数据"，在添加步骤中选择"替换"，在"替换"对话框中将"全部（"替换为空白，点击"确定"，如图1-11所示。采用同样的方法将"）"替换为空白，即可实现字段"全部"点评数的格式化。

图1-11　替换字符

方法二：正则表达式

正则表达式是使用一些事先定义好的特殊字符以及这些字符的组合，组成一个"规则字符串"，来描述、匹配一系列满足某个句法规则的字符串，通常被用来检索、替换符合某个规则的文本。八爪鱼采集器提供了简单的正则处理工具，不需要学习复杂的正则表达式语法，即可对数据进行格式化处理。以下介绍具体的处理方法。

点击字段"好评"数，在弹出的菜单中选择"格式化数据"，在添加步骤中选择"正则匹配",在弹出的对话框中点击"不懂正则,试试正则工具"。选择"开始",内容为"好评(";选择"结束",内容为")";点击"生成",然后点击"应用"。具体过程如图1-12所示。

图1-12 正则工具

采集"差评"数。因为差评数在用户点评分类中的位置不固定,因此不可以直接点击该标签进行采集,否则可能导致采集的数据错误。在采集该字段时,需要选中整个用户点评分类区域,在操作提示中的"提取数据"中选择"文本内容",如图1-13所示。然后采用上述方法二中的"正则匹配"的方式,将开始设置为"差评(",结束设置为")",生成正则表达式,点击"匹配",检查匹配结果无误,点击"应用"即可。

图 1-13 采集"差评"数

步骤八：采集并导出数据

景点基本数据字段设置完成后，在采集器主界面右上角点击"保存"，保存采集流程，点击"采集"，选择"本地采集—普通模式"，开始数据采集，如图 1-14 所示。

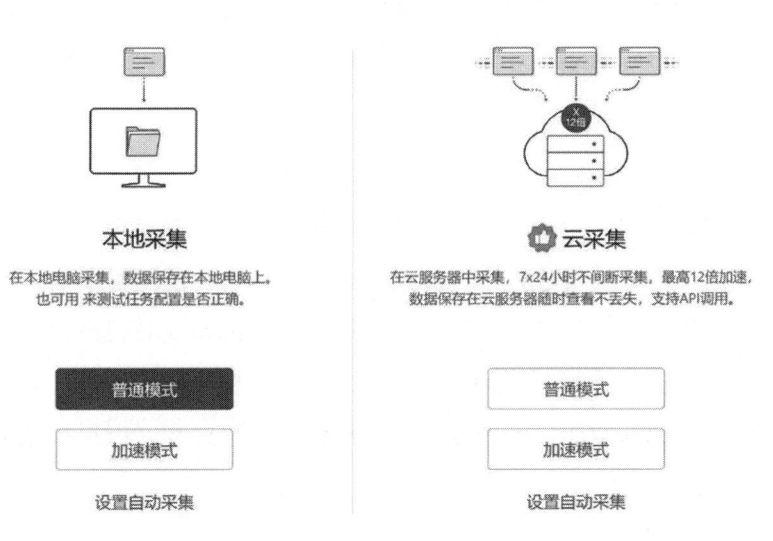

图 1-14 采集模式设置

监测数据采集过程，并在已采集数据满足采集设定目标的情况下，点击采集界面右上角的"停止"按钮，并选择"导出数据"；根据后续数据处理的工具及需求选择数据导出的文件类型或将数据导出到数据库。本任务将数据导出为 Excel（xlsx）文件，如图 1-15 所示。至此，数据采集任务完成。

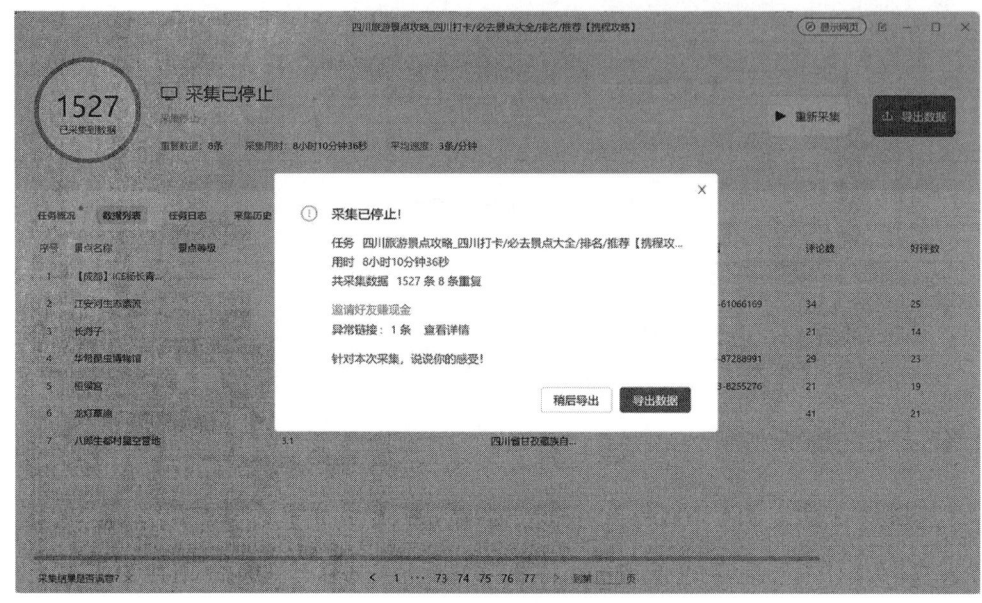

图 1-15　导出数据

[实训总结]

通过本次实训，学生了解到了使用八爪鱼进行数据采集是一个自动化且高效的过程。在整个采集过程中，要明确采集目标、合理配置采集任务、根据需求调整采集规则和参数，保证采集过程符合采集网站或其他数据源的使用策略和法律法规；执行采集，监测采集过程，确保数据正确；处理与导出数据，有效地从各种来源获取所需的数据，并持续优化采集过程，以提高数据质量和采集效率。

[实训评价]

请根据本实训的完成情况进行评价并填写实训评价表 1。

实训 1　数据采集

表 1　实训评价表

实训环节	评价指标	分值	自评	师评
实训准备	了解数据采集的基本原理	10		
	掌握数据采集任务的规划与设计	10		
实训步骤	新建数据采集任务	10		
	修改采集流程	10		
	循环采集	10		
	采集常规字段	10		
	采集特殊字段	10		
	导出采集数据	10		
实训体会		20		
评分		100		

实训 2　数据清洗

[实训场景]

数据清洗是在数据处理和分析之前对数据进行清理和校验的过程,也是纠正数据文件中可识别错误的最后一道程序。它通过自动化的方式与手段,对数据去重,纠正错误的、不相关的和不完整的数据,以实现数据的一致性,从而确保数据分析的正确性。

[实训目标]

- 了解数据清洗的对象与方法。
- 熟练使用数据清洗工具进行数据清洗和存储。
- 培养学生全方位、多角度分析和解决问题的能力。

[实训准备]

一、必备知识

数据清洗是数据分析过程中的一个重要环节,通过对原始数据进行筛选、修复、转换、归并等处理,最终实现数据的一致性、完整性和正确性。数据清洗是一个复杂且耗时的过程,要结合数据清洗对象的实际情况并结合业务需求,选择合适的数据清洗方法。以下是一些常见的数据清洗方法。

(1)重复值处理。在存在重复数据记录的情况下,要对重复记录进行分析,选择合并重复项中的某些字段,或者直接删除重复行,最终保留唯一的数据记录。

（2）缺失值处理。在缺失值较少或对整体数据分析结果影响不大的情况下，可以直接删除包含缺失值的行或列；或者以其他数据为样本，计算均值、中位数或众数，对缺失值进行填充；也可以通过数据趋势预测，为缺失值设置一个相对合理的默认值。

（3）异常值处理。比如直接删除异常数据点；用更接近其他数据点的指定值，像用平均值、中位数等替代异常值。

（4）数据类型转换和格式化。主要是将不同数据类型的数据转换为一致的数据类型，如将文本或字符串转换为数字。

（5）数据集成。这是将不同来源的数据组合到单个统一视图中，以提供一致、准确的数据表示。这通常涉及数据转换、聚合和过滤等操作。

（6）数据离散化。这是将连续的数值型的数据转换为离散的分类的标签，以便于进行某些特定的分析任务。例如，采用分箱算法，将原数据的值分配到一些离散的、预定义的类别中，这些类别通常被称为"箱子"或"桶"。

（7）数据平滑。这是一种用于减少数据中的噪声和不规则性的技术，使数据更加平滑、连续和易于分析，常见于金融数据分析、市场预测、信号处理等领域。

二、环境要求

Microsoft office 2016 以上版本。

操作视频2：
数据清洗

[实训步骤]

步骤一：数据一致性处理

数据一致性是指数据在各个部分之间保持统一和协调，确保数据的准确性和可靠性。空白字符的存在可能会导致数据不一致，进而影响数据分析的结果。

1. 去除多余空格

打开文件"四川旅游景点原始数据.xlsx"，选择"原始数据"工作表，选择 L1 单元格，在"公式"选项卡中选择文本类函数"TRIM"，选择 A1 单元格作为函数参数，去除单元格中多余的空格，如图 2-1 所示。拖动填充柄到 T 列，然后双击填充柄，完成数据填充。

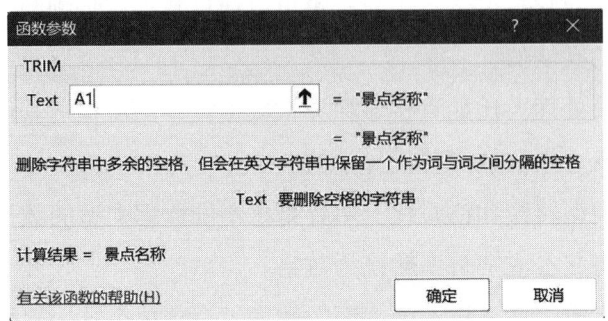

图 2-1　TRIM 函数去除空格

2. 选择性粘贴

复制 K 列到 T 列数据。新建工作表，并重命名为"数据一致性处理结果"，选择 A1 单元格，点击鼠标右键，在快捷菜单中选择"选择性粘贴 (S)"，在子菜单中选择"粘贴数值"项中的"值和数字格式 (A)"，如图 2-2 所示。将 TRIM() 函数的处理结果以值的形式粘贴到新的工作表，在实现数据一致性处理的同时，也有效实现了对原始数据的备份。

图 2-2　选择性粘贴

步骤二：删除重复值

在本案例的数据中，可能存在景点名称完全相同的情况，仅仅依靠"景点名称"进行重复记录判定是不准确的，因此为了保证重复值判定的准确性，需要将"景点名称"和"地址"进行连接生成辅助列，作为重复值判定的最终依据。

1. 填充 A 列数据

在"景点名称"列前插入一个空白列，在 A1 单元格中输入列标题"重复值判定"；在 A2 单元格中输入"=B2&F2"，通过连接符"&"将 B2 单元格和 F2 单元格的内容合并；双击 A2 单元格填充柄，实现对 A 列数据的填充。

2. 设置重复值条件

选择 A 列数据，在"开始"选项卡中选择"条件格式"，在菜单中选择"突出显示单元格规则 (H)"，然后选择"重复值 (D)"；在弹出的"重复值"对话框中点击"确定"按钮，如图 2-3 所示。

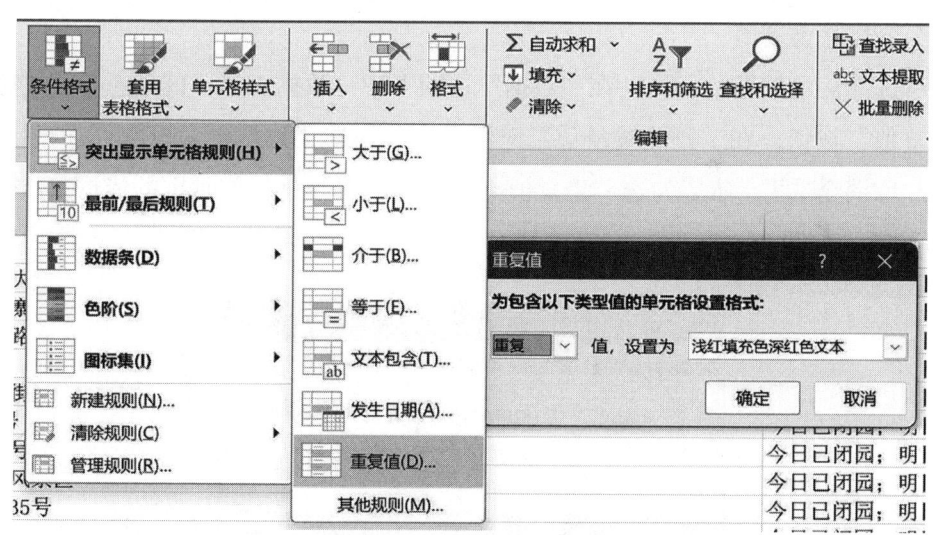

图 2-3 重复值条件格式设置

3. 为重复值判定排序

选择任意数据单元格，在"数据"选项卡点击"排序"按钮，在弹出的"排序"对话框中勾选"数据包含标题 (H)"复选框；排序依据设置为"重复值判定"，排序依据为"单元格颜色"，在次序设置中将颜色设置为"在顶端"；

点击"添加条件(A)",将"次要关键字"的列同样设置为"重复值判定",按照"单元格值"进行"升序"排列,如图2-4所示。"重复值判定"列中带有条件格式的数据即为重复的数据记录。

图2-4 重复值判定排序

4. 删除重复值

选择任一数据单元格,在"数据"选项卡中"数据工具"区域点击"删除重复值"按钮;在"删除重复值"对话框中,勾选"数据包含标题(M)";点击"取消全选",然后勾选"重复值判定"列,作为重复值判定的依据;点击"确定",如图2-5所示。

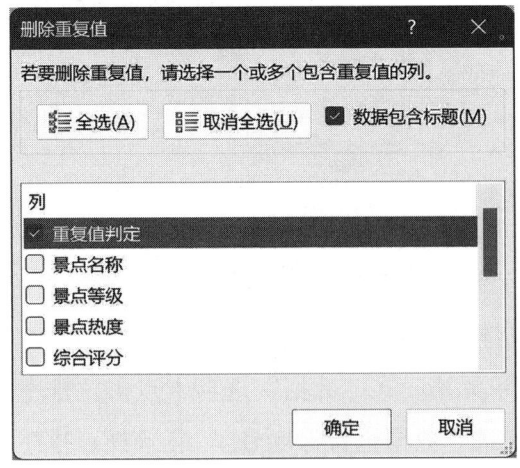

图2-5 删除重复值

5. 删除辅助列"重复值判定"

步骤三：删除脏数据

在原始数据中，存在着一些不在本次数据分析范围、对分析需求毫无意义的数据，我们称其为"脏数据"。在数据清洗过程中，需要找出这些数据，并将其删除，以免影响数据分析结果。

1. 观察原始数据

通过观察原始数据，可以发现有一些数据记录并非传统意义上的景区或景点数据它们的名称中通常包含"音乐会""演唱会""巡演""【成都】"等关键词，不在本次数据分析之列。

2. 使用 Excel 的筛选功能对脏数据进行筛选

方法一：选择任一数据单元格，在"数据"选项卡的"排序和筛选"区域点击"筛选"功能；在 A1 单元格的下拉列表中选择"文本筛选"，在子菜单中选择"包含"；在"自定义自动筛选"对话框中输入上述关键词中的"音乐会"，选择"或"关系，继续输入"演唱会"；点击"确定"。如图 2-6 所示。将筛选的结果删除即可。

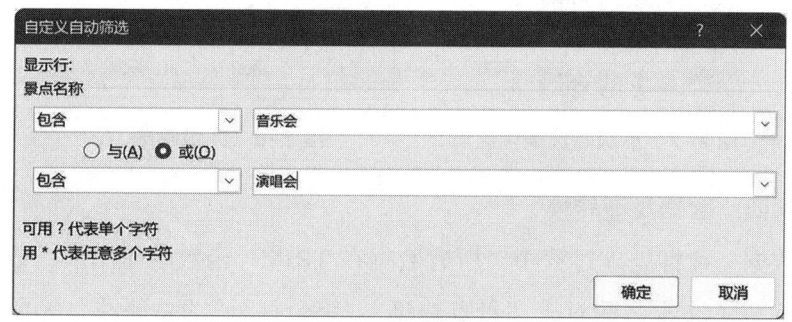

图 2-6 自动筛选

这种方法操作简单，但每次最多可以采用"或"关系的形式筛选两个关键词，如果需要筛选的关键词较多，就需要多次重复操作以完成脏数据的删除。对比，我们可以使用 Excel 的高级筛选功能简化这一操作过程。

方法二：新建一个工作表，命名为"高级筛选—条件区域"。在工作表中添加如图 2-7 中所示的内容，其中"*"为通配符，可以代表任意字符，用来表示关键词在景点名称中的"包含"关系。将关键词写在不同行，表示关键词之间为"或"关系，即只要包含任意一个关键词即可。这一区域作为高级筛选中的"条件区域"。

在数据工作表中选择任一单元格，在"数据"选项卡"排序和筛选"区域点击"高级"功能。在"高级筛选"对话框中，"列表区域"为被筛选的原始数据所在区域，"条件区域"选择为"高级筛选—条件区域"中所填写的"条件区域"，点击"确定"，如图 2-8 所示。将筛选结果复制到新的工作表中，以备后续操作使用。点击"排序和筛选"区域的"清除"功能，解除对当前数据的筛选操作。

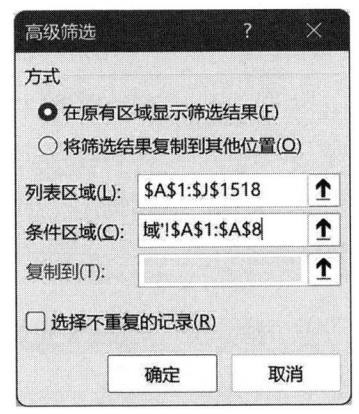

图 2-7　高级筛选条件区域　　　　图 2-8　高级筛选

步骤四：数据类型转换

在数据一致性处理过程中，所有数据在 TRIM() 函数的作用下，数据格式都被转换成了文本，而对于"景点热度""综合评分""总评数"等数字型数据，在后续的处理过程中需要进行一系列的数学运算，因此需要将这些列的数据类型转换为数字。

如图 2-9 所示，选择 C 列，点击"景点热度"所在的 C1 单元格，取消对 C1 的选择，保留对 C 列其他单元格的选择；点击 C2 单元格左侧的警示按钮，在弹出的菜单中选择"转换为数字(C)"。采用同样的方法对"综合评分""评论数""好评数""差评数"所在的列进行数据类型转换。

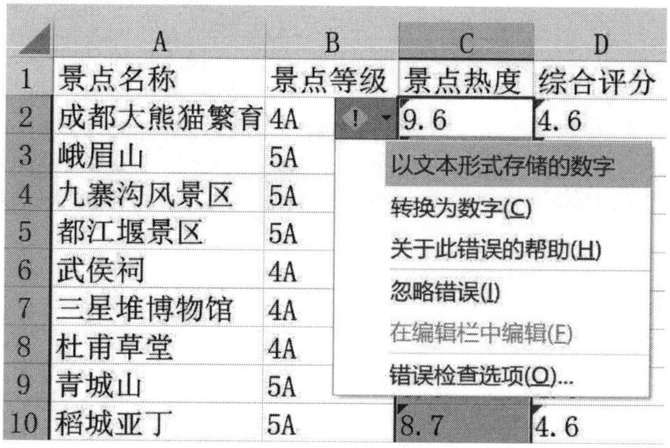

图 2-9 数据类型转换

步骤五：空值处理

数据清洗过程中，空值处理的方法包括删除、填充和插值等多种策略。在提高数据准确性和完整性的前提下，具体的策略选择取决于数据的性质和分析的需求。

1. 升序排列

以"景点名称"为关键字进行升序排列，发现在数据顶端出现一行空白行，这是在数据采集过程中某一景点的数据采集错误所致。这种情况在所有采集数据中只出现了一次，整体占比极低，可以直接删除这一空白行，不会对数据分析结果造成影响。

2. 填充空值单元格

在"景点等级"列存在着大量的空值单元格，这是因为对应景点未获得文化和旅游部门对景区质量等级的划分与评定，与实际情况相符，在此使用默认值"无"填充即可。

如图 2-10 所示，选择 B 列，在"开始"选项卡"编辑"区域点击"查找和选择"按钮，在弹出菜单中选择"替换"。"查找内容(N)"为空白，"替换为(E)"处填写"无"，点击"全部替换(A)"。

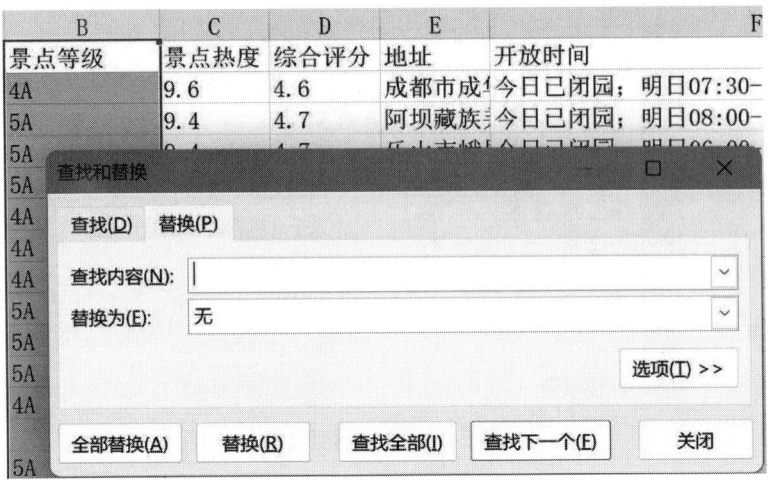

图 2-10 空值替换

3.0 值填充

以"景点热度"列为主关键词进行降序排列,以"综合评分"列为次要关键词对数据进行排序。一些景点因其特殊性质,OTA 网站未开放评分和评价系统,因此这些景点的热度、综合评分以及评价相关数据列为空值。这样的景点数量较少,可以使用"替换"方式对空值进行 0 值填充。

[实训总结]

通过本次实训,学生明确了数据清洗时数据分析的重要前置步骤,其目的是去除数据中错误、重复和不完整的信息,确保数据的准确性和一致性;了解了数据清洗的一般流程、掌握了数据清洗的基本步骤和方法,可通过数据清洗提高数据的质量,减少后续分析中的误差,确保分析结果的可靠性。在实训过程中,要结合实际情况,灵活处理数据清洗过程中的各种问题与挑战,提升处理效率,优化处理结果。

[实训评价]

请根据本实训的完成情况进行评价并填写实训评价表 2。

表 2　实训评价表

实训环节	评价指标	分值	自评	师评
实训准备	了解数据清洗的对象和方法	10		
	设计和规划数据清洗流程	10		
实训步骤	数据一致性处理	10		
	删除重复值	10		
	删除脏数据	20		
	数据类型转换	10		
	空值处理	10		
实训体会		20		
	评分	100		

实训 3　数据分析

[实训场景]

数据分析技术对旅游行业的创新发展具有深远的意义和影响。通过旅游数据的分析，了解游客对不同景点的偏好、评价和反馈，可以更加精准地把握游客的需求，设计出更加符合市场需求的旅游产品，为游客提供更加丰富和个性化的旅游体验。通过之前的数据采集和清洗，我们获取了一份四川省主要旅游景点的数据集，我们的任务是基于对该数据集中的景点等级、景点热度、综合评分和用户点评数等关键指标进行分析，设定数值转换标准、权重和算法，计算出景点的综合得分，识别出综合表现最优的前十个景点，为后续的旅游推广和景点管理策略提供科学依据。

[实训目标]

- 明确旅游数据分析的价值与意义。
- 了解旅游数据分析的内容与流程。
- 掌握数据分析的方法，借助分析工具，完成旅游数据分析。

[实训准备]

一、必备知识

数据分析是指结合分析需求，选用适当的统计分析方法对采集来的数据集就行分类、量化、汇总等处理，最大化地对数据进行挖掘和提炼，从而找到研究对象的内在规律，指导人们作出正确的判断，并采取适当的行动。

1. 数据标准化处理

数据标准化处理过程是将数据转化为更易于比较和分析的统一格式的过程。由于各项指标的量纲不同，需进行标准化处理以确保其可比性。

2. 权重分配

在数据分析中，各项指标的重要性可能不同，因此需要对它们进行权重分配。权重分配可以根据实际情况进行，确保分析结果能够准确反映各项指标的重要性。

3. 加权求和

加权求和是数据分析中常用的计算方法，它根据各项指标的权重对原始数据进行加权处理，然后求和得到加权总和。

4. 排序和筛选

排序和筛选是 Excel 中基本且常用的功能。排序可以将数据按照单列或多列的值及其他特征进行重新排列，以满足不同的分析需求。筛选可以从数据表中提取符合特定条件的数据。基本筛选可以快速筛选出符合简单条件的数据，而高级筛选则允许用户使用更复杂的条件进行筛选。

二、环境要求

Microsoft office 2016 以上版本。

三、素材数据

本实训操作素材数据为"四川省景点基本数据.xlsx"。

操作视频3：数据分析

[实训步骤]

步骤一：计算好评率

通过"总评数"和"好评数"计算出景区的好评率。经过数据预处理后的数据中，依然有部分数据记录因未开放点评功能"评论数"字段显示为 0，直接进行好评率的计算会导致值错误。为解决这一问题，需使用 IF 函数进行判断，若"评论数"为空，则好评率置为"0"；否则用"好评数"除以"评论数”进行好评率的计算。具体公式如图 3–1 所示。

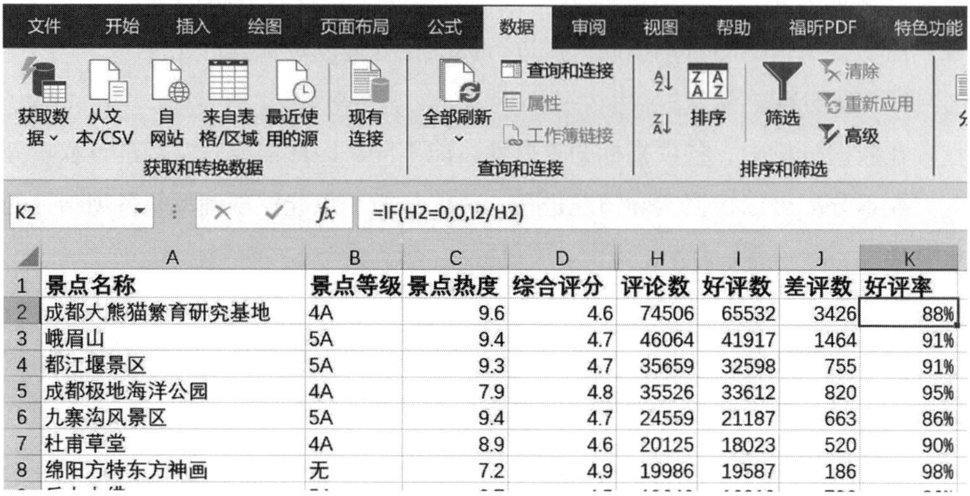

	A	B	C	D	H	I	J	K
1	景点名称	景点等级	景点热度	综合评分	评论数	好评数	差评数	好评率
2	成都大熊猫繁育研究基地	4A	9.6	4.6	74506	65532	3426	88%
3	峨眉山	5A	9.4	4.7	46064	41917	1464	91%
4	都江堰景区	5A	9.3	4.7	35659	32598	755	91%
5	成都极地海洋公园	4A	7.9	4.8	35526	33612	820	95%
6	九寨沟风景区	5A	9.4	4.7	24559	21187	663	86%
7	杜甫草堂	4A	8.9	4.6	20125	18023	520	90%
8	绵阳方特东方神画	无	7.2	4.9	19986	19587	186	98%

图 3–1　计算好评率

步骤二：数据初步筛选

对景点数据进行初步数据筛选，可以最大程度减少“噪声”数据对分析结果的影响，进一步提高分析所依赖数据的质量，有助于减少因数据问题而导致的分析误差，从而提升分析结果的可行度和说服力。

通过 Excel 的高级筛选功能，筛选出所有 5A 级和 4A 级景点，或景点热度高于 5，同时景点评分高于 3，或者好评率高于 80% 的景区，并且所有景点评论数均需大于 500。在数据区域下的空白处设置条件区域，具体内容如图 3–2 所示。

景点等级	景点热度	综合评分	好评率	评论数
4A||5A				>500
	>6	>3		>500
			>80%	>500

图 3–2　高级筛选条件区域

使用高级筛选功能对数据进行筛选，具体设置如图 3–3 所示。

实训 3　数据分析

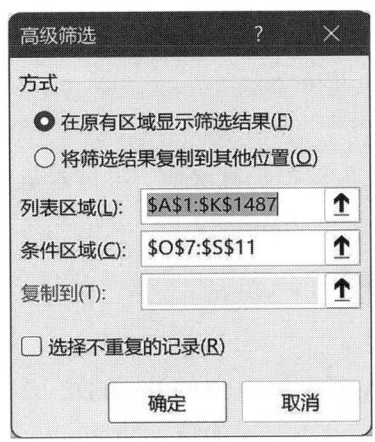

图 3-3　高级筛选

将筛选的结果复制到新的工作表中供后续分析使用。

步骤三：设定景点评分标准

为了计算景点的综合评分，我们需要结合数据实际情况及专家意见，综合考虑景点等级、景点热度、综合评分、评论数、好评数和好评率等指标。以下是一个具体的评分标准设计。

1. 景点等级

景点等级是全国旅游景区质量等级评定委员会依据《旅游景区质量等级的划分与评定》国家标准及《旅游景区质量等级评定管理办法》对旅游景点等级的官方认定，具体分为5A到A共5个等级。理论上可以认为，景点等级越高，景点质量越好。在数据清洗后的数据集中，有5A、4A和无3种类型的数据，具体评分如下：5A级景区得20分，4A级景区得15分，未评级景区得10分。

2. 景点热度

景点热度是一个综合反映景点受欢迎程度、关注度和游客到访情况的指标。在数据清洗后的数据集中，景点热度取值范围为0—10。景点热度评分采用如下标准：以景点热度均值为基准值，每高出基准值0.1得1分，每低于基准值0.1扣1分。

3. 综合评分

综合评分直接反应了游客对景点的满意程度。综合评分的取值范围为0—5。

综合评分采用如下评分标准：以综合评分均值为基准值，每高出基准值 0.1 得 1 分，每低于基准值 0.1 扣 1 分。

4. 好评率

计算好评率的均值，以该值为基准值，好评率每比基准值高 1 个百分点得 1 分，每比基准值低 1 个百分点扣 1 分。

步骤四：计算景点综合评分

1. 计算景点等级评分

在 L2 单元格中插入逻辑函数中的 IF 函数，参数 Logical_test 的内容为 "B2="5A""。如果该条件满足，说明该景点为 5A 级景点，景点等级评分为 20，因此，参数 Value_if_true 的内容为 "20"。除此之外，景点等级还存在 4A 和无等级两种情况，参数 Value_if_false 处需要嵌套使用 IF 函数。具体参数设置如图 3-4 所示。

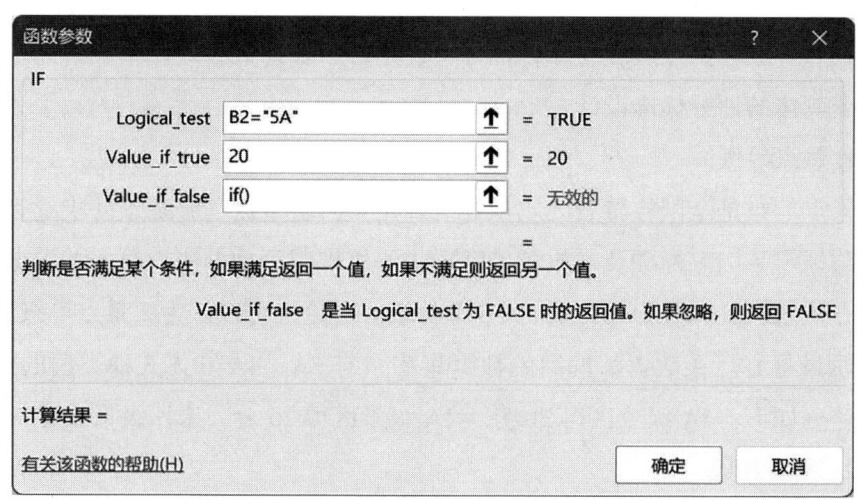

图 3-4　外层 IF 函数设置

在编辑栏中，将光标插入到内层嵌套的 IF 函数中，即可对内层函数进行参数设置，具体参数如图 3-5 所示。

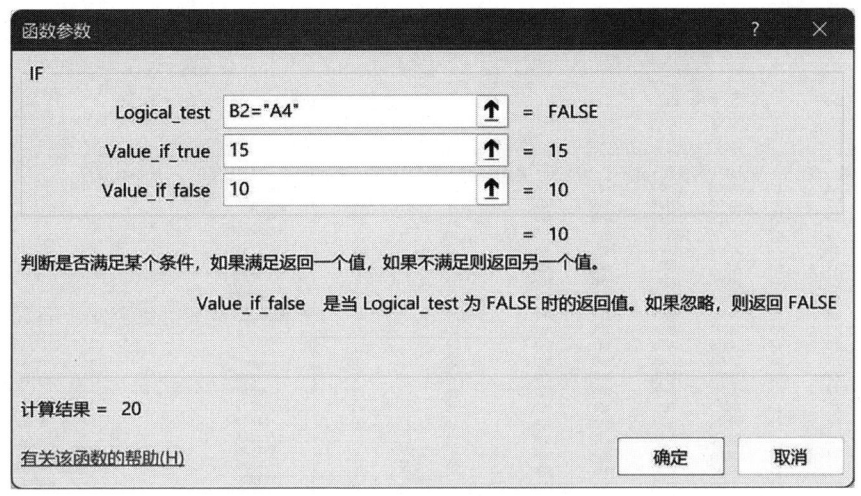

图 3-5 嵌套 IF 函数设置

在熟练掌握 IF 函数使用方法的情况下，也可以选中 L2 单元格，直接在编辑栏中输入公式"=IF(B2="5A",20,IF(B2="A4",15,10))"。

2. 计算景点热度评分

景点热度均值为 6.7，利用该均值作为基准值，根据景点热度评分标准，在 M2 单元格中编辑如图 3-6 所示公式，实现景点热度评分的计算。

图 3-6 计算景点热度评分

采用相同的方法，分别以综合评分评分标准、好评率均值为基准值依据，可以计算出综合评分评分、好评率评分，此处不再赘述。

3. 求和

对各项评分数据求和，计算出景点的最终综合评分。

4. 筛选

利用筛选功能，筛选出综合评分排名前 10 的景点，具体操作如图 3-7 所示。

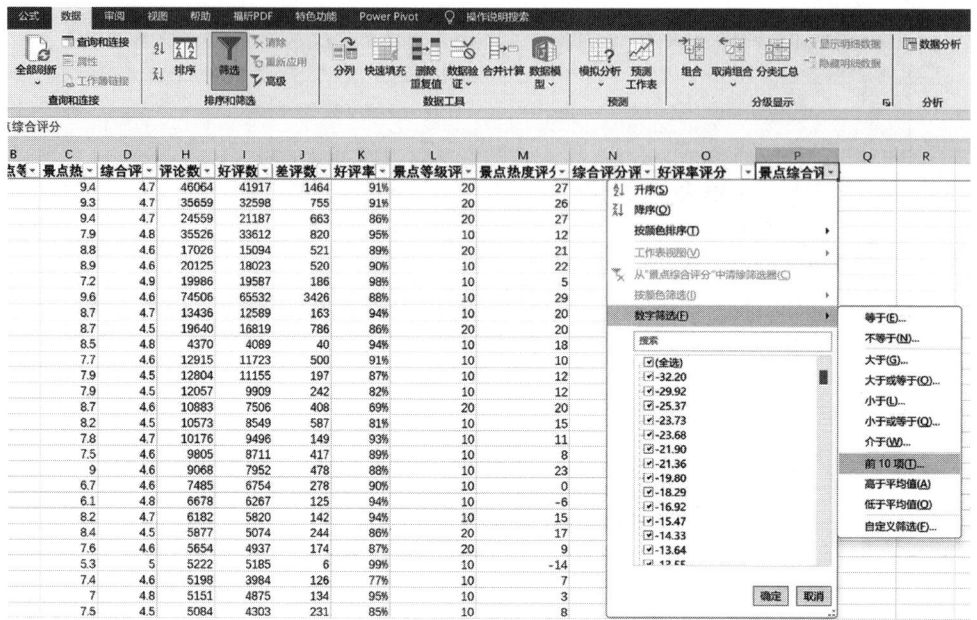

图 3-7 筛选评分排名前 10 的景点

最终分析结果如图 3-8 所示。

图 3-8 分析结果

[实训总结]

本次实训通过整理四川省旅游景点数据,运用统计分析与排序方法,对景点名称、景点等级、景点热度、综合评分、评论数、好评数及差评数进行了综合考量。通过对各项指标的综合评估,我们成功筛选出了四川省排名前 10 的景点。实训过程中,我们不仅加深了对数据分析流程的理解,还学会了如何根据实际需求选择恰当的分析方法。此次实践不仅锻炼了我们的数据处理能力,还提升了我们对旅游行业数据分析的认识,为后续专业工作打下了坚实的基础。

[实训评价]

请根据本实训的完成情况进行评价并填写实训评价表 3。

表 3　实训评价表

实训环节	评价指标	分值	自评	师评
实训准备	明确旅游数据分析的价值与意义	10		
	设计旅游数据分析的目标和流程	10		
实训步骤	计算好评率	10		
	初步筛选分析数据	10		
	设定数据分析评分标准	20		
	计算综合评分	20		
实训体会		20		
	评分	100		

实训 4　使用 Python 爬取旅游景点数据

[实训场景]

　　随着网络的迅速发展，万维网上的旅游数据越来越丰富，如何高效快速地从万维网上获取旅游数据，是后期进行旅游数据分析的基础。网络爬虫，是一种按照一定的规则，自动抓取万维网信息或数据的程序或者脚本。携程旅行网作为中国领先的在线旅游服务公司，提供了大量的旅游景点信息。本实训案例，通过使用 Python 语言编写爬虫程序，自动地从携程旅行网上爬取旅游景点的数据。

[实训目标]

　　·掌握网络爬虫的工作原理和编写方法。

　　·分析携程旅行网旅游景点页面的 HTML 结构，确定需要抓取的数据字段（如景点名称、地址、综合评分、评论数等）。

　　·编写 Python 脚本，从携程旅行网获取旅游景点列表页面的 URL，并解析页面内容，提取所需数据，保存到本地。

[实训准备]

一、必备知识

　　Python 语言基础。

实训 4　使用 Python 爬取旅游景点数据

二、环境要求

1. Python 3.12.2（本书采用的版本）

2. PyCharm（或者 Visual Studio Code）

3. Microsoft Edge

[实训步骤]

步骤一：下载并安装 Python 3.12.2

从 Python 官网上下载最新版的 Python 解释器。

步骤二：下载并安装开发工具 PyCharm

从 PyCharm 官网上下载最新版的 Python 开发工具 PyCharm。

步骤三：在 PyCharm 中创建 Python 工程

依次点击"File"→"New Project..."，如图 4-1 所示。

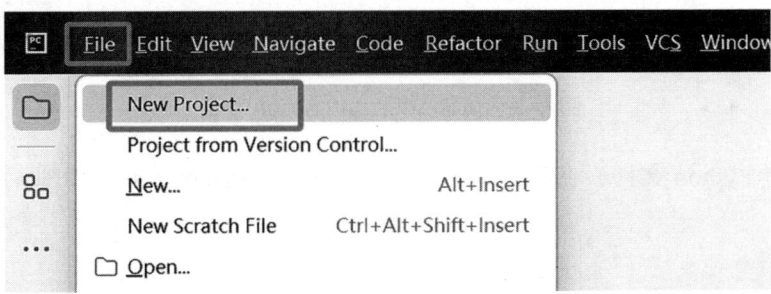

图 4-1　创建 Python 工程

输入工程名"TouristAttraction"，然后点击"Create"，如图 4-2 所示。

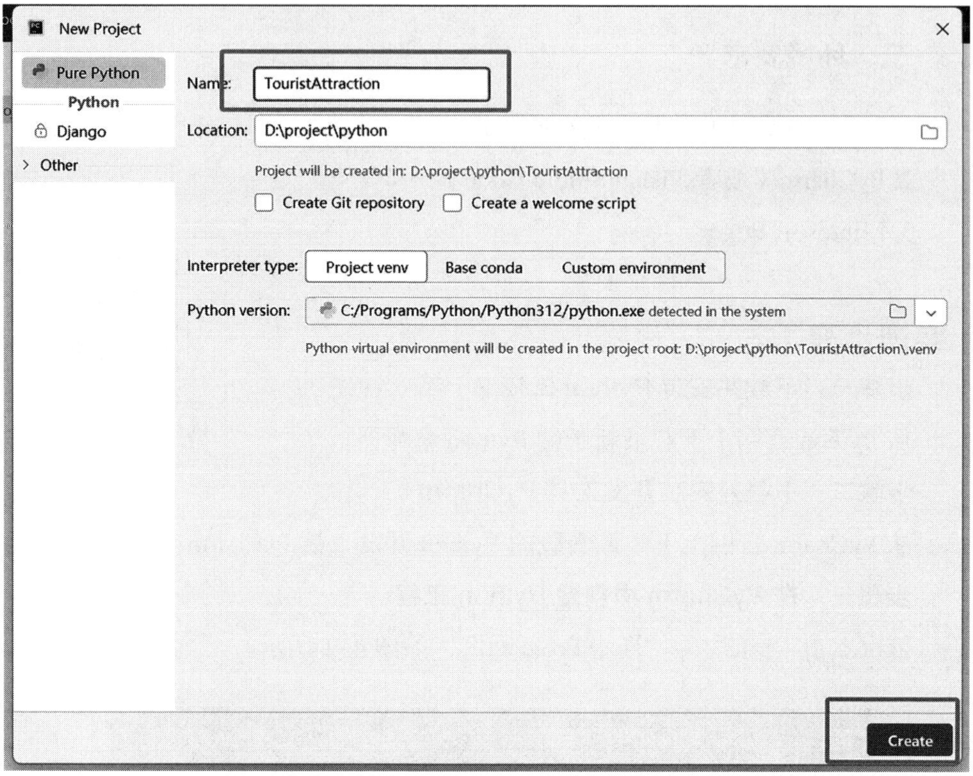

图 4-2 创建 TouristAttraction 项目

创建 Python 文件，在项目名上右键→<u>N</u>ew → Python File，如图 4-3 所示。

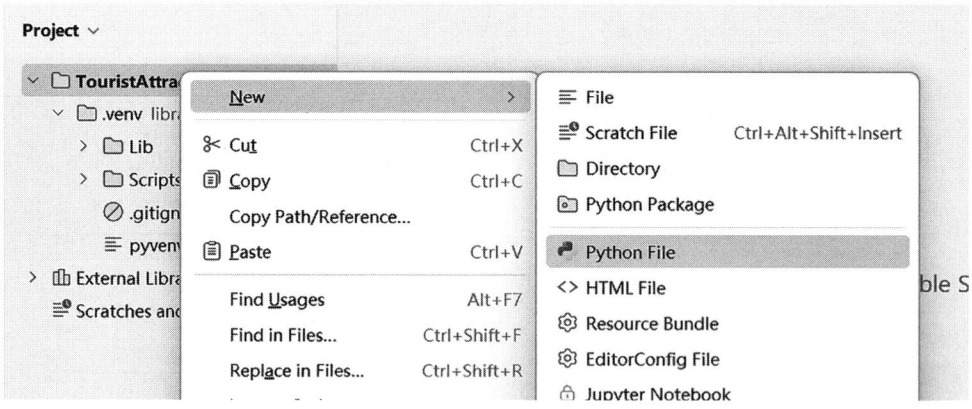

图 4-3 创建 Python 文件

输入文件名为"TouristAttractions",如图 4-4 所示。

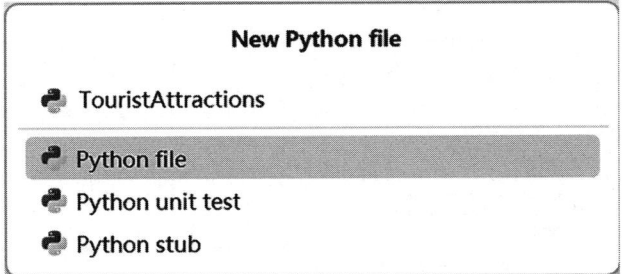

图 4-4　创建 TouristAttractions 文件

步骤四：安装 requests 库

requests：用于发送 HTTP 请求并获取网页内容。

先在 PyCharm 中打开"Terminal",如图 4-5 所示。

图 4-5　打开 Terminal

使用 pip 来安装库：pip install requests 。安装时需要联网,安装过程如图 4-6 所示。

图 4-6　安装 requests 库

步骤五：爬取携程旅行网站数据

首先，需要确定要爬取的页面。假设想要获取携程旅行网站（https://www.ctrip.com/）上某个目的地的景点信息，例如"太原"，过程如图 4-7 和图 4-8 所示。

图 4-7　选择城市

图 4-8　选择景点

使用 Microsoft Edge 打开"开发人员工具"，过程如图 4-9 所示。

实训 4　使用 Python 爬取旅游景点数据

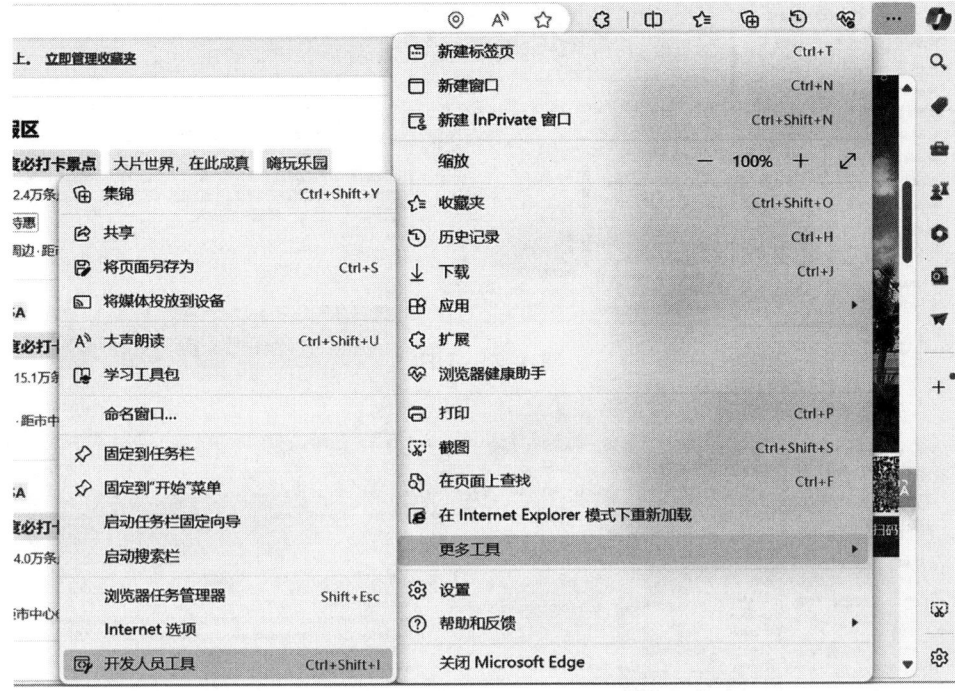

图 4-9　打开"开发人员工具"

在景点搜索框中输入"太原",点击查询,如图 4-10 所示;再点击"getAttractionList..."。把图 4-11 中的 URL、图 4-12 中的 User-Agent、图 4-13 中的 Cookie、图 4-14 中的 data 替换到代码中相应的位置,图 4-15 是服务器返回的响应数据。

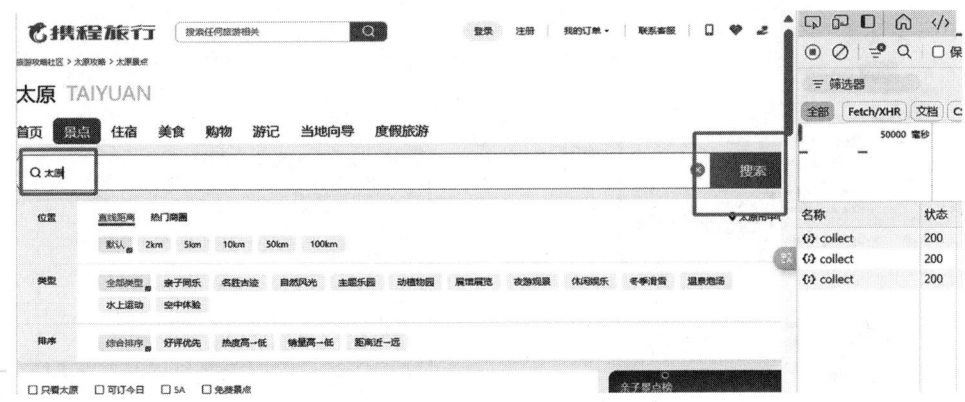

图 4-10　搜索太原的景点

| 37

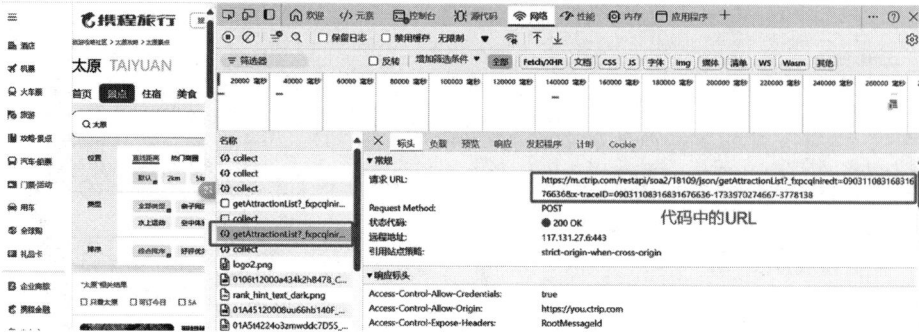

图 4-11　URL

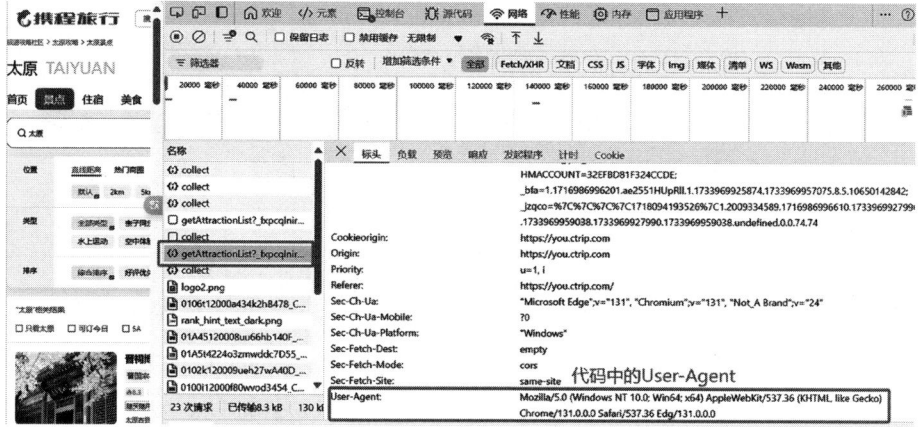

图 4-12　User-Agent

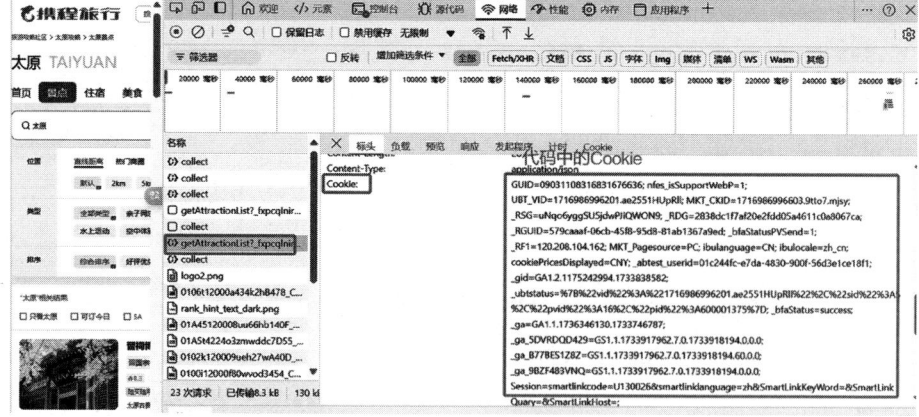

图 4-13　Cookie

实训 4　使用 Python 爬取旅游景点数据

图 4-14　data

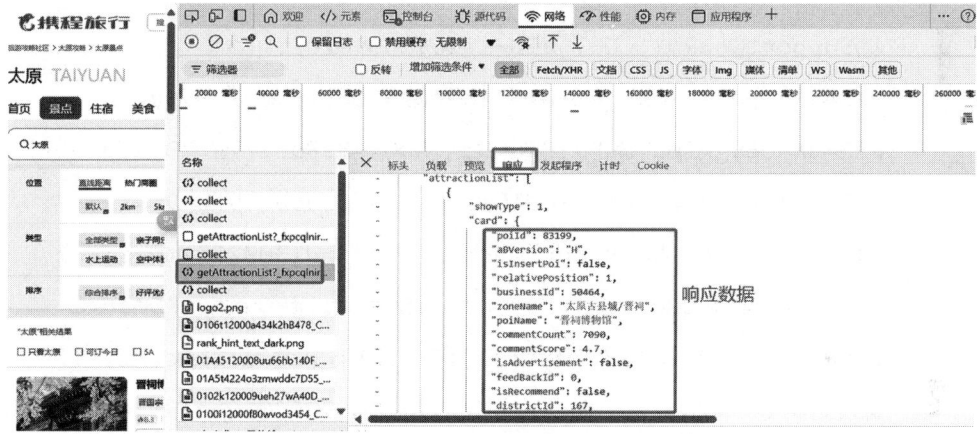

图 4-15　响应数据

步骤六：调试程序

在 E 盘创建文件夹"tourist"，调试程序，点击"运行"按钮，过程如图 4-16 所示。完整代码如下所示。

```
import csv
import requests


url = 'https://m.ctrip.com/restapi/soa2/18109/json/
    getAttractionList?_fxpcqlniredt=09031108316831676636&x-
```

```
          traceID=09031108316831676636-1718094291119-95116'

headers = {
  'User-Agent':'Mozilla/5.0 (Windows NT 10.0; Win64; x64)
          AppleWebKit/537.36 (KHTML, like Gecko)
          Chrome/125.0.0.0 Safari/537.36 Edg/125.
          0.0.0',

  'Cookie':'GUID=09031108316831676636;nfes_
      isSupportWebP=1; UBT_VID=1716986996201.
      ae2551HUpRll; MKT_CKID=1716986996603.9tto7.mjsy; _
      RSG=uNqo6yggSU5jdwPJiQWON9; _RDG=2838dc1f7af20e2fd
      d05a4611c0a8067ca; _RGUID=579caaaf-06cb-45f8-95d8-
      81ab1367a9ed; Session=smartlinkcode=U130026&smartlink
      language=zh&SmartLinkKeyWord=&SmartLinkQuary=&SmartL
      inkHost=; _RF1=183.202.131.164; MKT_Pagesource=PC; _
      ubtstatus=%7B%22vid%22%3A%221716986996201.ae2551HU
      pRll%22%2C%22sid%22%3A2%2C%22pvid%22%3A3%2C%22pid%
      22%3A0%7D; _bfaStatusPVSend=1; _bfi=p1%3D0%26p2%3D
      undefined%26v1%3D3%26v2%3D2; _bfaStatus=success; _
      jzqco=%7C%7C%7C%7C1718094193526
      %7C1.2009334589.1716986996610.1718094270866
      .1718094290746.1718094270866.1718094290746.
      undefined.0.0.11.11; _bfa=1.1716986996201.ae2551HUpR
      ll.1.1718094270910.1718094290557.2.6.10650142842'
}
f = open('E:/tourist/全国各景点全.csv', 'w',
encoding="utf-8", newline='\n')
```

实训 4　使用 Python 爬取旅游景点数据

```python
csvwrite = csv.writer(f)
csvwrite.writerow(['城市','景点名','地点','距离','坐标','评
论数','评论分','热评分','封面','是否免费','价格','原价',
'类别信息','标签','是否5A'])
for index in range(1,11) :
    data = {"head":{"cid":"09031108316831676636","ctok":"",
            "cver":"1.0","lang":"01",
            "sid":"8888","syscode":"999","auth":"","xsid":"",
            "extension":[]},
            "scene":"onlinesearch","districtId":167,"index":
            index,"sortType":1,"count":10,
            "filter":{"filterItems":["0"]},"keyword":"太原",
            "returnModuleType":"all" }

    html = requests.post(url, headers=headers, json=data).json()
    attractionList = html['attractionList']
    for attraction in attractionList:
        data = attraction['card']
        commentCount = data['commentCount']
        commentScore = data['commentScore']
        coordinate = [data['coordinate']['latitude'],
        data['coordinate']['longitude']]
        coverImageUrl = data.get('coverImageUrl', '')
        # 距离
        distanceStr = data.get('distanceStr', '')
        # 地点
        displayField = data.get('displayField', None)
        heatScore = data.get('heatScore', '')
```

```python
    # 景点名
    poiName = data['poiName']
    isFree = data['isFree']
    city='北京'
    if isFree:
        price = 0
        # 原价
        marketPrice = 0
    else:
        price = data.get('price', 0)
        # 原价
        marketPrice = data.get('marketPrice', 0)
    # 类别信息
    sightCategoryInfo = data.get('sightCategoryInfo', '')
    # 标签
    tagNameList = data.get('tagNameList', '')
    # 5A
    sightLevelStr = data.get('sightLevelStr', None)

csvwrite.writerow(
    [city, poiName, displayField, distanceStr, coordinate,
    commentCount, commentScore, heatScore, coverImageUrl,
    isFree,price, marketPrice, sightCategoryInfo,
    tagNameList,  sightLevelStr])
```

（注：以上代码需要使用图4-11至图4-12中所框选的代码替换。）

实训 4　使用 Python 爬取旅游景点数据

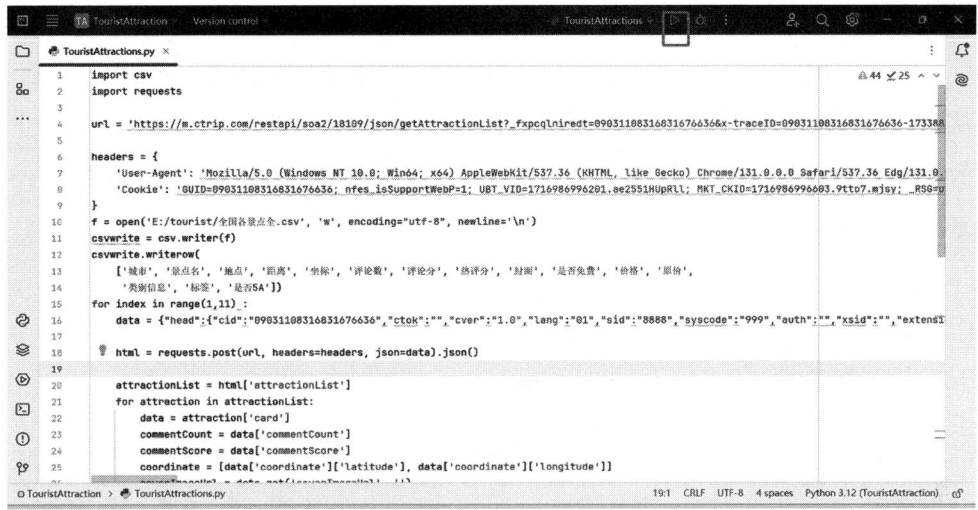

图 4-16　运行程序

步骤七：查看结果

调试完成后会在 E 盘的"tourist"文件夹中生成"全国各景点全.csv"文件，使用 Excel 打开后的结果如图 4-17 所示。

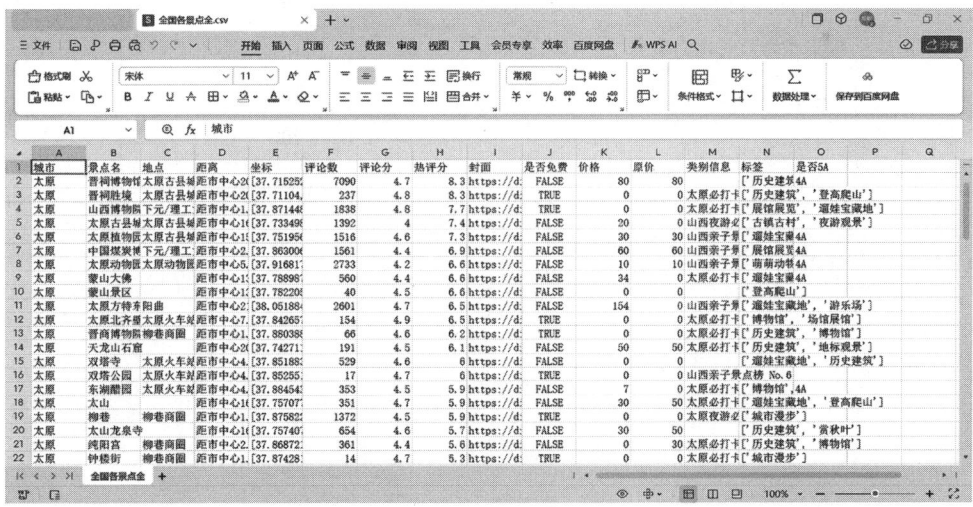

图 4-17　爬取后的数据

[实训总结]

通过本次实训,学生将能够掌握 Python 爬取网页数据和文件的基本技能,从而为后续的数据分析和挖掘工作做好准备。同时,实训过程还能够培养学生的团队协作能力和问题解决能力,为未来从事服务性行业的工作打下良好的基础。

[实训评价]

请根据本实训的完成情况进行评价并填写实训评价表 4。

表 4　实训评价表

实训环节	评价指标	分值	自评	师评
实训准备	Python 语言基础	10		
	Python 环境和 Edge 浏览器	10		
实训步骤	下载并安装 Python 3.12.2	10		
	下载并安装开发工具 PyCharm	10		
	在 PyCharm 中创建 Python 工程	10		
	安装 requests 库	10		
	爬取携程旅行网站数据	10		
	调试程序	10		
实训体会		20		
评分		100		

实训 5 使用 Python 绘制景点评价词云图

[实训场景]

通过对景点评价内容数据进行分析，绘制词云图，不仅能够直观展示热点话题、关键信息，而且还能够高效发现评价焦点，辅助决策和资源分配，提升用户体验，促进我国旅游产业的健康可持续发展。本实训通过分析从携程旅行网爬取的黄山景点评价内容，进行预处理、词频统计、绘制词云图，为景点管理、游客出行等提供参考依据。

[实训目标]

- 理解词云图的概念、用途及在旅游数据分析领域的应用场景。
- 掌握利用 Python 绘制词云图的流程和方法。
- 根据词云图的绘制结果，明确游客关注焦点，制定有效的管理策略，提升游客游玩体验。

[实训准备]

一、必备知识

1. 词云图

词云图是一种文本数据的可视化表示方法。它将文本中出现频率较高的关键词以较大的字体显示，而出现频率较低的词则用较小的字体呈现。这些词汇通常以随机的布局排列在一个图形区域内，形成像云一样的视觉效果，因此被称为词云图。

2. Anaconda

Anaconda 是一个流行的开源 Python 发行版本，它用于科学计算、数据分析和机器学习。Anaconda 包含了一个包管理系统（conda）和环境管理器，这使得用户可以轻松地安装、运行和管理多个不同版本的软件包及其依赖关系。它还预装了许多用于数据科学和机器学习的常用库，如 NumPy、Pandas、SciPy、Matplotlib 和 scikit-learn。

3. Jupyter Notebook

Jupyter Notebook 是 Anaconda 组成部件之一。Jupyter Notebook 基于 web 的交互式计算环境，支持实时代码、可视化和文档编写，用户可以在浏览器中创建和共享包含代码、公式、可视化和解释性文本的文档，非常适合数据探索、报告制作及教学等场景。

二、环境要求

1. 开发环境为 Anaconda 集成环境中的 Jupyter Notebook

本实训用的 Anaconda 的安装版本为 Anaconda3-2022.10-Windows-x86_64.exe，下载网址为 https://mirrors.tuna.tsinghua.edu.cn/anaconda/archive/。

安装步骤如下。

（1）双击下载好的 Anaconda 安装包，点击"Next＞"进入下一步（图5-1）。

实训 5 使用 Python 绘制景点评价词云图

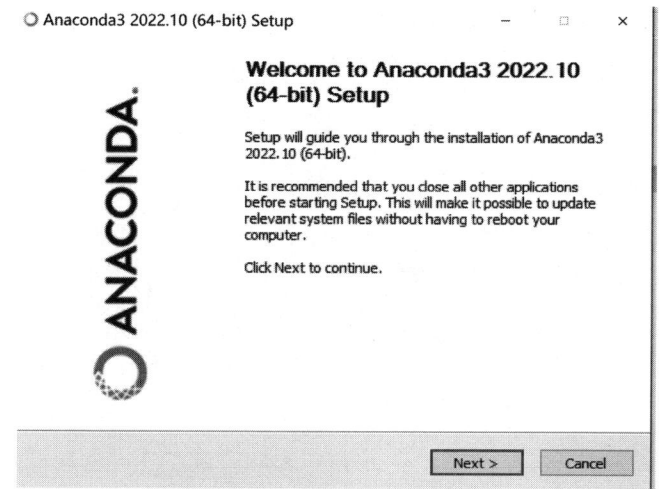

图 5-1 安装 Anaconda 步骤 1

（2）点击"I Agree"（我同意）按钮，同意相关协议并进入下一步（图 5-2）。

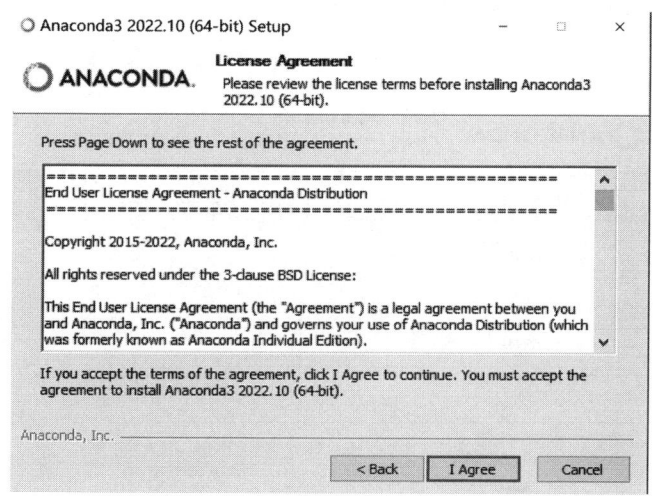

图 5-2 安装 Anaconda 步骤 2

（3）选择"All Users (requires admin privileges)"［所有用户（需要管理员权限）］单选按钮，点击"Next >"按钮进入下一步（图 5-3）。

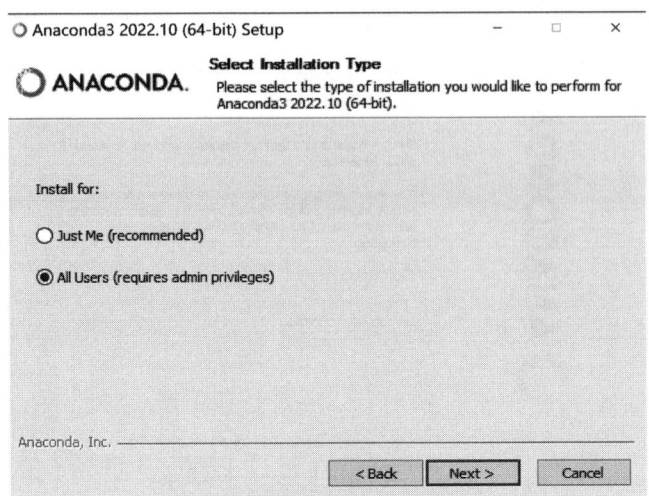

图 5-3　安装 Anaconda 步骤 3

（4）单击"Browse..."（浏览）按钮，选择合适的路径安装 Anaconda，完成后单击"Next >"按钮，进入下一步。这里最好选择自己的路径（系统默认安装在 C 盘）（图 5-4）。

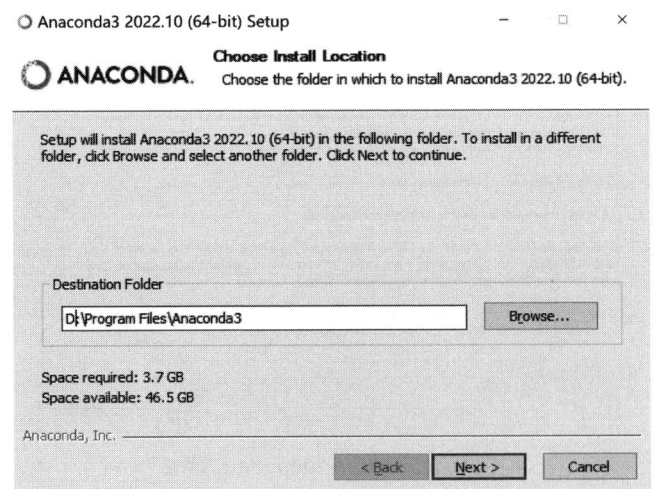

图 5-4　安装 Anaconda 步骤 4

（5）图 5-5 所示的两个复选框分别代表允许将 Anaconda 添加到系统路径（PATH）环境变量中、Anaconda 使用的 Python 版本为 3.9。全部勾选后，点击

实训 5　使用 Python 绘制景点评价词云图

"Install"（安装）按钮，开始安装。

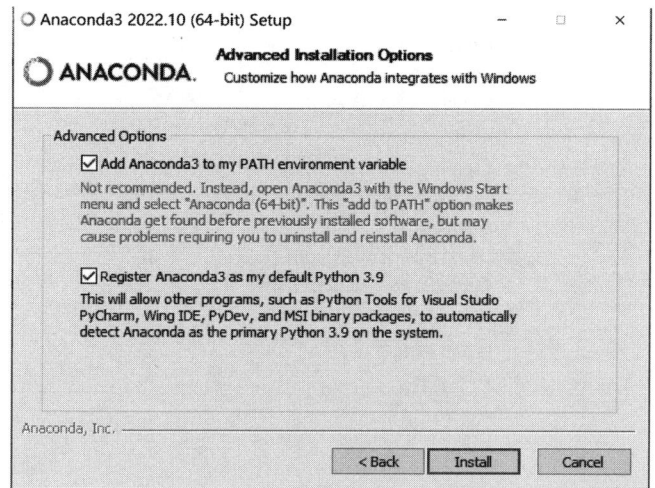

图 5-5　安装 Anaconda 步骤 5

（6）点击图 5-6 中的"Finish"（完成）按钮。

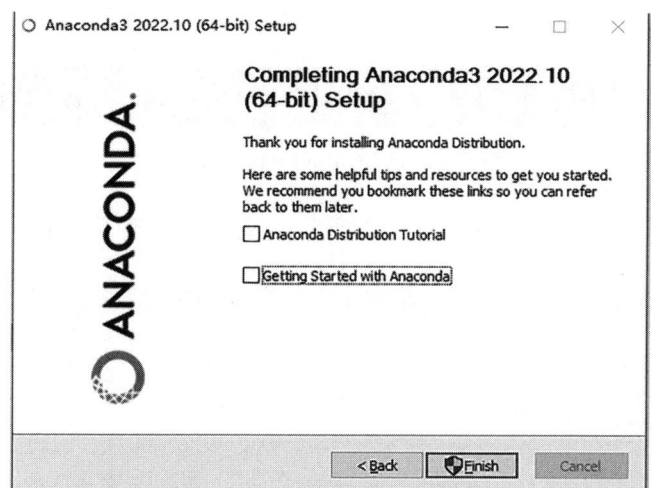

图 5-6　安装 Anaconda 步骤 6

2. 安装第三方 Python 包

（1）启动 Jupyter Notebook。

①在当前工作文件夹内按下"Shift+鼠标右键"，在弹出的界面中点选

"在此处打开 Powershell 窗口 (S)"（图 5-7）。

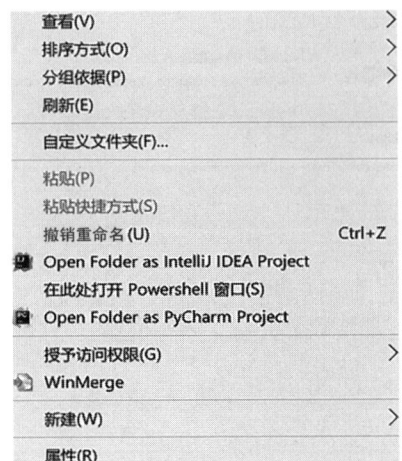

图 5-7　打开 Poweshell

②在 PowerShell 中输入 "jupyter notebook"，启动 Jupyter Notebook（图 5-8）。

图 5-8　启动 Jupyter Notebook

③打开 Jupyter Notebook 后，会在默认浏览器中出现下面主页面（图 5-9）。

图 5-9　Jupyter Notebook 主页面

④单击主页面右上方的 "New▼" 按钮，在下拉列表中选择 Notebook 类

实训 5 使用 Python 绘制景点评价词云图

型,这里选择 Python3 (ipykernel)(图 5-10)。

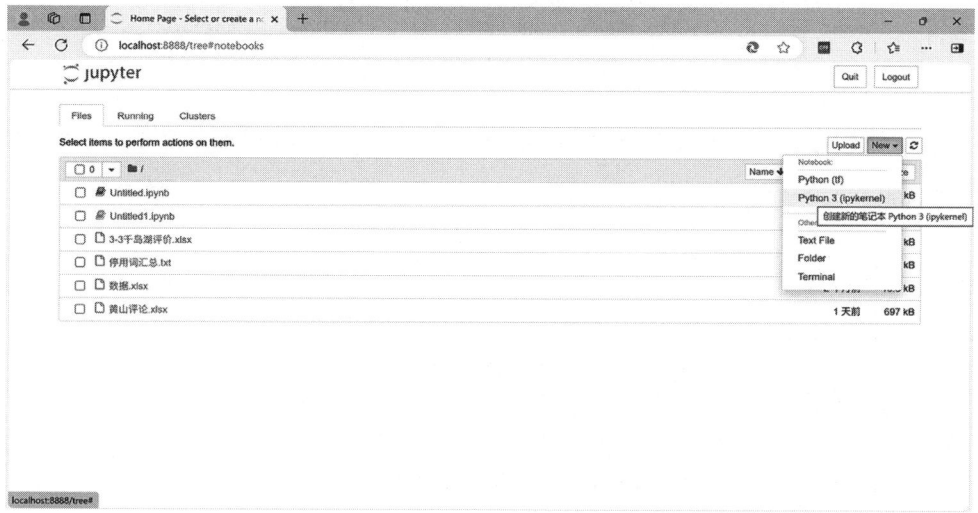

图 5-10 新建 Jupyter Notebook 文件

⑤此时会默认打开新建的 Jupyter Notebook python 文件,且文件名默认为"Untitled"。可以点击左上角 Jupyter 后面的文件名"Untitled"来修改文件名字(图 5-11)。

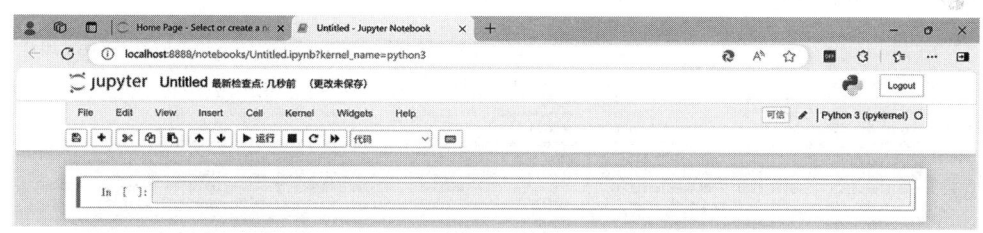

图 5-11 Jupyter Notebook 的 Python 脚本编辑界面

⑥配置下载镜像,安装软件包。在代码单元内输入"%pip config set global.index-url https://pypi.doubanio.com/simple",按 Shift+Enter 运行。这句代码的作用是配置 Python 包管理工具 pip,以使用豆瓣镜像源来加速下载 Python 包(图 5-12)。

```
In [3]: %pip config set global.index-url https://pypi.doubanio.com/simple
        Writing to C:\Users\Lenovo\AppData\Roaming\pip\pip.ini
        Note: you may need to restart the kernel to use updated packages.
```

图 5-12　配置下载镜像

在代码单元内输入"%pip install jieba",之后按 Shift+Enter 运行,安装 Jieba 库(图 5-13)。

```
In [2]: %pip install jieba
        Looking in indexes: https://pypi.doubanio.com/simple
        Collecting jieba
          Using cached jieba-0.42.1-py3-none-any.whl
        Installing collected packages: jieba
        Successfully installed jieba-0.42.1
        Note: you may need to restart the kernel to use updated packages.
```

图 5-13　安装 Jieba 库

在代码单元内输入"%pip install wordcloud",之后按 Shift+Enter 运行,安装 wordcloud 库(图 5-14)。

```
In [3]: %pip config set global.index-url https://pypi.doubanio.com/simple
        Writing to C:\Users\Lenovo\AppData\Roaming\pip\pip.ini
        Note: you may need to restart the kernel to use updated packages.

In [2]: %pip install wordcloud
        Looking in indexes: https://pypi.doubanio.com/simple
        Collecting wordcloud
          Downloading https://mirrors.cloud.tencent.com/pypi/packages/08/02/1e220adb310d5b5019e1ee85fdb7616e6401b2db434c790e7505012f847c/wordcloud-1.9.4-cp39-cp39-win_amd64.whl (300 kB)
                                              300.4/300.4 kB 2.7 MB/s eta 0:00:00
        Requirement already satisfied: matplotlib in d:\program files\anaconda3\lib\site-packages (from wordcloud) (3.5.2)
        Requirement already satisfied: pillow in d:\program files\anaconda3\lib\site-packages (from wordcloud) (9.2.0)
        Requirement already satisfied: numpy>=1.6.1 in d:\program files\anaconda3\lib\site-packages (from wordcloud) (1.21.5)
        Requirement already satisfied: packaging>=20.0 in d:\program files\anaconda3\lib\site-packages (from matplotlib->wordcloud) (21.3)
        Requirement already satisfied: fonttools>=4.22.0 in d:\program files\anaconda3\lib\site-packages (from matplotlib->wordcloud) (4.25.0)
        Requirement already satisfied: kiwisolver>=1.0.1 in d:\program files\anaconda3\lib\site-packages (from matplotlib->wordcloud) (1.4.2)
        Requirement already satisfied: python-dateutil>=2.7 in d:\program files\anaconda3\lib\site-packages (from matplotlib->wordcloud) (2.8.2)
        Requirement already satisfied: cycler>=0.10 in d:\program files\anaconda3\lib\site-packages (from matplotlib->wordcloud) (0.11.0)
        Requirement already satisfied: pyparsing>=2.2.1 in d:\program files\anaconda3\lib\site-packages (from matplotlib->wordcloud) (3.0.9)
        Requirement already satisfied: six>=1.5 in d:\program files\anaconda3\lib\site-packages (from python-dateutil>=2.7->matplotlib->wordcloud) (1.16.0)
        Installing collected packages: wordcloud
        Successfully installed wordcloud-1.9.4
        Note: you may need to restart the kernel to use updated packages.
```

图 5-14　安装 wordcloud 库

需要注意的是,在代码单元内输入命令后,按下 Shift+Enter(或点击上方的运行按钮)来运行代码,即可看到运行结果。这些第三方库的安装只需操作一次,后面直接输入代码运行即可。

三、素材数据

利用八爪鱼从携程旅行网爬取数据,得到如下内容(部分数据)(图5-15)。

图 5-15 黄山景点用户评价表(部分)

操作视频5:
词云图

[实训步骤]

步骤一:获取景区评价内容

1. 读取 Excel 表中数据

```
# 导入 pandas 模块,并命名为 pd
import pandas as pd
df = pd.read_excel(" 黄山评论 .xlsx")
df
```

从图 5-16 可以看出,返回的结果中包括 3006 行 4 列,"评论"列是我们要获取的评论数据。最左边的数字索引列是 pandas 自动添加的。

```
In [4]: import pandas as pd
        df = pd.read_excel("黄山评论.xlsx")
        df
Out[4]:
```

	用户名	评分	评论	IP属地
0	人生就是一次旅行，快乐是最重要的!	5分	人这一生黄山⚠必须去游览一次，今生无悔！黄山真不愧为是世界文化和自然遗产，它是一幅绝美的风...	重庆
1	有趣的人234	5分	关于黄山风景区的推荐亮点，以下是我精心整理的几个必游之处：\n\n黄山五绝：黄山以奇松、怪石...	江苏
2	志凯旅行	5分	黄山非常值得来，原因如下：\n \n自然景观\n \n奇松：如迎客松，伸展双臂欢迎来客，梦笔...	江苏
3	M25****7276	5分	风景绝佳，优美无比，无愧赫赫声名。此外，景区服务也比较规范。 但需注意一点，即便坐缆车到达山...	江西
4	尤雨旅行者	5分	自然景观\n\n\t●\t奇松：黄山松形态各异，如迎客松，破石而出，枝干伸展，似热情欢迎游客...	云南
...	...	...	...	...
3001	_WeCh****952635	5分	黄山风景区里酒店很多，玉屏楼宾馆应该是最好的，硬件设施也可以比较干净，值得一提的是宾馆软件服...	山东
3002	_WeCh****952635	5分	黄山风景区里酒店很多，玉屏楼宾馆应该是最好的，硬件设施也可以比较干净，值得一提的是宾馆软件服...	山东
3003	_WeCh****952635	5分	黄山风景区里酒店很多，玉屏楼宾馆应该是最好的，硬件设施也可以比较干净，值得一提的是宾馆软件服...	山东
3004	_WeCh****952635	5分	黄山风景区里酒店很多，玉屏楼宾馆应该是最好的，硬件设施也可以比较干净，值得一提的是宾馆软件服...	山东
3005	_WeCh****952635	5分	黄山风景区里酒店很多，玉屏楼宾馆应该是最好的，硬件设施也可以比较干净，值得一提的是宾馆软件服...	山东

3006 rows × 4 columns

图 5-16　读取 Excel 数据结果图

2. 整合表中评论列的内容

```
text = df['评论'].str.cat()
text
```

整合表中评论列内容后如图 5-17 所示。

```
In [5]: text = df['评论'].str.cat()
        text
Out[5]: '人这一生黄山⚠必须去游览一次，今生无悔！黄山真不愧为是世界文化和自然遗产，它是一幅绝美的风景画！奇松、怪石、云海、日出、冬雪、温泉……。关于黄山风景区的推荐亮点，以下是我精心整理的几个必游之处：\n\n黄山五绝：黄山以奇松、怪石、云海、冬雪、温泉五绝著称于世。每一处都是大自然的鬼斧神工，让人流连忘返。其中，迎客松是黄山的标志性景观，一定不可错过哦！\n日出日落：在黄山观日出日落，绝对是一次难忘的体验。排云亭、玉屏楼、光明顶都是观赏日出日落的绝佳地点，建议提前规划好行程，以免错过最佳观赏时间。\n历史文化：黄山不仅自然景观壮丽，历史文化也极为丰富。徽州古城是了解黄山历史文化的好去处，古城风貌保存完好，白墙黛瓦、马头墙、木雕花窗等徽派建筑风格一览无余。\n美食体验：来到黄山，怎能不品尝当地的美食呢？臭豆腐、毛豆腐、潜口馄饨、徽宏烧饼等徽州特色小吃，都是不容错过的美味。\n住宿选择：黄山风景区内有多种住宿选择，从山顶酒店到山脚下的经济型酒店应有尽有。推荐住在山顶酒店，虽然价格稍高，但可以欣赏到绝美的日出日落美景。黄山非常值得来，原因如下：\n \n自然景观\n \n奇松：如迎客松，伸展双臂欢迎来客，梦笔生花松似巨笔书写传奇 。\n\n怪石：有飞来石，看似要飞走，还有猴子观海等，造型奇特，令人遐想 。\n\n云海：云雾涌起时，山峰在云海中时隐时现，如海上仙山，日出日落时更是如梦如幻 。\n\n温泉：在登山疲惫后，泡在温暖泉水中，可驱散疲劳，享受宁静，且水质优良，富含矿物质 。\n \n文化底蕴\n \n黄山自古以来就被无数文人墨客赞誉，留下诸多诗篇与墨宝，蕴含深厚文化内涵，让游客在欣赏美景的同时感受历史沧桑与文化厚重 。\n \n登山体验\n \n黄山为登山爱好者提供了绝佳的挑战之地，天都峰险峻陡峭，鲫鱼背考验勇气胆量；也有索道等设施，为体力较弱者提供便利，可轻松领略美景 。\n \n旅游设施\n \n山上山下有多种住宿选择，从高端酒店到特色民宿，可满足不同预算需求。还有当地特色美食，如臭鳜鱼、毛豆腐、黄山烧饼等，可满足游客味蕾风景绝佳，优美无比，无愧赫赫声名。此外，景区服务也比较规范。 但需注意一点，即便坐缆车到达山上，也要走无数台阶，没有多少平路可走。因为黄山基本没有围住山体的平直栈道，绝大部分都是台阶，爬黄山是真的在“爬”，体力欠佳的，不建议多行。我此行虽然饱览美景，但是下山后多日膝盖关节持续疼痛，需配合医学理疗进行康复。自然景观\n\n\t●\t奇松：黄山松形态各异，如迎客松，破石而出，枝干伸展，似热情欢迎游客，是黄山的标志性景观 。\n\n\t●\t怪石：怪石嶙峋，造型奇特，如猴子观海、仙人指路、梦笔生花等，栩栩如生，仿佛大自然的鬼斧神工 。\n\n\t●\t云海：云海翻腾，波澜壮阔，时而如波涛汹涌的大海，时而如轻盈的薄纱，将山峰笼罩其中，如梦如幻 。\n\n\t●\t温泉：温泉资源丰富，水质优良，具有一定的医疗保健价值，为游客提供了放松身心的好去处 。\n\n\t●\t冬雪：冬季的黄山银装素裹，雪景迷人，奇松、怪石在冰雪的覆盖下更具韵味，宛如冰雪童话世界 。\n\n文化价值\n\n\t●\t历史悠久：黄山有着悠久的历史，自古以来就受到文人墨客的喜爱，留下了大量的诗词、绘画、书法等作
```

图 5-17　整合评论列后部分字符串结果

步骤二：对数据进行预处理

1. 使用正则表达式去除英文字符、标点符号、特殊符号

```
# 导入 re 正则表达式模块
import re
```

实训 5 使用 Python 绘制景点评价词云图

```
cleaned_text = re.sub(r"[a-zA-Z0-9,。！？、；；:…""（）●《》
【】:./\\~\s+]", "", text)
cleaned_text
```

图 5-18 去掉特殊字符等后的部分结果

2. 根据停用词文件，去除停用词

```
import jieba
# 获取停用词
stop_words_path = '停用词汇总'.txt'
with open(stop_words_path, 'r', encoding='utf-8') as f:
stop_words = set(line.strip() for line in f)
# 使用 jieba 进行分词，jieba.cut 返回的是一种特殊类型的迭代器
words = jieba.cut(cleaned_text)
# 去除停用词
cleaned_words = [word for word in words if word not in stop_words]
print(cleaned_words)
```

```
In [7]: import jieba

#获取停用词
stop_words_path = '停用词汇总.txt'
with open(stop_words_path, 'r', encoding='utf-8') as f:
    stop_words = set(line.strip() for line in f)

# 使用jieba进行分词, jieba.cut返回的是一种特殊类型的迭代器
words = jieba.cut(cleaned_text)

#去除停用词
cleaned_words = [word for word in words if word not in stop_words]
print(cleaned_words)
```

图 5-19　分词并去除停用词后的部分结果

步骤三：词频分析

```
from collections import Counter
# 使用 Counter 计算词频。Counter 类作为一个无序的容器类型，用来
统计参数中各元素（哈希项）出现的次数。以字典的 key-value 对形式存储
元素。
word_counter = dict(Counter(cleaned_words))
print(word_counter)
```

图 5-20　词频统计部分结果

实训 5　使用 Python 绘制景点评价词云图

步骤四：绘制词云图

```
from wordcloud import WordCloud
import matplotlib.pyplot as plt
# 传入词频字典，创建词云对象，其中文本的大小和出现频率成正比。
width 和 height 单位为像素（图 5-21）。
wordcloud = WordCloud(width=800, height=400, background_color='white',font_path='simhei.ttf').generate_from_frequencies(word_counter)
# 使用matplotlib显示词云图，figsize 的单位为英寸
plt.figure(figsize=(12, 8))
plt.imshow(wordcloud, interpolation='bilinear')
plt.axis('off')   # 不显示坐标轴
plt.show()
```

图 5-21　词云图（1）

步骤五：汇总代码

```
import pandas as pd
import matplotlib.pyplot as plt
import re
import jieba
from collections import Counter
from wordcloud import WordCloud
# 读取评论文件
df = pd.read_excel("黄山评论.xlsx")
# 获取评论字符串
text = df['评论'].str.cat()
# 去掉特殊字符、标点符号、数字、字母
cleaned_text = re.sub(r"[a-zA-Z0-9，。！？、；;：…""（）●《》【】:./\\~\s+]", "", text)
# 获取停用词
stop_words_path = '停用词汇总.txt'
with open(stop_words_path, 'r', encoding='utf-8') as f:
    stop_words = set(line.strip() for line in f)
# 使用jieba进行分词，jieba.cut返回的是一种特殊类型的迭代器
words = jieba.cut(cleaned_text)
# 去除停用词
cleaned_words = [word for word in words if word not in stop_words]
# 词频统计，返回词频字典
word_counter = dict(Counter(cleaned_words))
# 传入词频字典，创建词云对象
wordcloud = WordCloud(width=1000, height=600, background_
```

```
color='white',font_path='simhei.ttf').generate_from_
frequencies(word_counter)
    # 使用 matplotlib 显示词云图
    plt.figure(figsize=(12, 8))
    plt.imshow(wordcloud, interpolation='bilinear')
    plt.axis('off')    # 不显示坐标轴
    plt.show()
```

从词云图可以看出，游客对黄山景点总体满意。游客关注焦点包括（按关注程度排序）：索道、缆车、宾馆、天气、排队、门票、服务等。游客感兴趣的景点包括（按关注程度排序）：云海、光明顶、日出、西海大峡谷、迎客松、天都峰、莲花峰、后山、玉屏楼、怪石、奇松、云谷寺等。这些结果可以为景点改善管理、改进服务等提供参考（图 5-22）。

图 5-22　词云图（2）

[实训总结]

通过本实训，学生了解了使用 Python 绘制景区评价词云图的方法和流程，同时培养超了分析解决问题和排除错误的能力，为未来从事服务性行业的工作奠定了坚实的基础。

[实训评价]

请根据本实训的完成情况进行评价并填写实训评价表 5。

表 5 实训评价表

实训环节	评价指标	分值	自评	师评
实训准备	理解词云图的概念，并正确安装 Anaconda 和第三方 Python 包	15		
实训步骤	正确获取景区评价内容	10		
	正确对数据进行预处理	15		
	正确进行词频分析	15		
	正确绘制词云图	15		
	正确分析词云图绘制结果	10		
实训体会		20		
评分		100		

实训 6 游客满意度 IPA 分析

[实训场景]

IPA 分析在旅游企业服务质量管理中具有重要的作用，能够帮助旅游企业识别关键服务属性、优化资源配置、制定针对性的改进策略、提升顾客满意度和忠诚度，并辅助决策制定和持续改进。本实训主要模拟了在旅游、酒店、餐饮、文化娱乐等服务性行业中，通过 IPA 分析法来评估和优化顾客满意度的过程。

[实训目标]

· 掌握 IPA 分析法的原理和操作步骤。

· 识别并评估旅游、酒店、餐饮和文化娱乐等服务性行业中影响顾客满意度的关键服务属性。

· 根据 IPA 分析结果，制定有效的改进策略，提升顾客满意度和忠诚度。

[实训准备]

一、必备知识

IPA 分析法，即 Importance-Performance Analysis（重要性绩效分析法），是一种战略分析工具，用于分析产品或服务的各属性的重要性和实际绩效，从而确定改进重点。

IPA 分析法的核心思想是，顾客的满意感来自对产品属性的重视和绩效的评价。该方法通过分析顾客认为产品或服务的重要性和实际绩效，将结果划分

操作视频6-1：
IPA分析法

为 4 个象限。

第一象限：重要性和绩效都高，需保持。

第二象限：重要性低，但绩效高，不需过多投入。

第三象限：重要性和绩效都低，可低优先级改进。

第四象限：重要性高，绩效低，需重点改进。

IPA 分析法广泛应用于多个领域，如企业品牌形象属性分析、酒店服务质量特征分析、顾客或员工满意度分析、企业产品表现分析等。其直观易懂、应用广泛、指导性强，能够帮助企业识别关键问题，制定切实可行的改进方案，提升决策效率。

二、环境要求

Microsoft office 2016 以上版本。

三、素材数据

本实训操作素材数据为"游客满意度 IPA 分析素材 .xlsx"，如表 6-1 所示。

表 6-1　游客满意度 IPA 分析素材

序号	项目因子	游览前期望均值	游览后满意度均值
1	外部交通	4.53	3.856
2	景点路况	4.23	3.365
3	景点交通便利度	4.31	3.821
4	饮食特色	4.069	3.519
5	菜品种类	3.823	3.416
6	卫生情况	4.287	3.892
7	就餐环境	4.159	3.267
8	房间布局	4.259	3.672
9	房间清洁度	4.007	3.649
10	服务质量	3.916	3.619
11	交通便利度	3.981	3.652

实训 6 游客满意度 IPA 分析

续表

序号	项目因子	游览前期望均值	游览后满意度均值
12	设施条件	4.095	3.468
13	商品价格	4.088	2.879
14	商品种类	4.075	3.052
15	商品特色	4.083	3.165
16	商品质量	4.203	3.095
17	服务响应度	4.199	3.987
18	活动特色	4.088	3.166
19	项目多样性	3.735	3.091
20	娱乐场所环境	4.066	3.041
21	服务态度	4.827	3.983
22	景观特色	4.311	3.605
23	文化价值	4.092	3.327
24	景区设施	4.180	3.326
25	门票价格	4.118	3.137
26	历史文化遗产保护	4.221	3.795
27	导游解说	3.953	3.562
28	服务态度	4.289	3.313
29	旅游咨询	3.957	3.286
30	线路安排	3.765	3.312
31	地貌环境	4.219	3.556
32	水体环境	3.980	3.623
33	大气环境	4.011	3.529
34	动植物环境	4.211	3.959
35	城市环卫	4.162	3.015
36	社会治安	4.178	3.432
37	公共设施	4.158	3.369
38	市民好客度	4.123	3.736

[实训步骤]

步骤一:创建"XY 散点图"

1. 新建"XY 散点图"

打开文件"游客满意度 IPA 分析素材.xlsx",点击工作表"Sheet1"的 G2 单元格,插入一个空白的"XY 散点图"。

操作视频6-2:
游客满意度IPA分析

2. 添加"数据系列"

点击"图表设计"选项卡中的"选择数据",打开"选择数据源"对话框;点击"添加(A)",打开"编辑数据系列"对话框,在"系列名称(N)"框中输入"IPA 分析",在"X 轴系列值(X)"框中点击鼠标选取"游览前期望均值"列中 D2:D39 区域范围,在"Y 轴系列值(Y)"框中先删除原来的"={1}",再点击鼠标选取"游览后满意度均值"列中 E2:E39 区域范围,如图 6-1 所示;点击"确定","选择数据源"对话框左下方出现了"IPA 分析"系列,点击"确定",带数据的散点图就做好了。

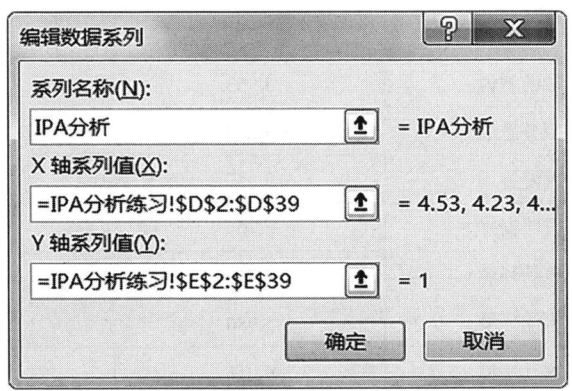

图 6-1 添加"数据系列"

步骤二:设置坐标轴边界

我们观察该散点图,发现数据点都集中在图中靠右上的部分,如图 6-2 所示。而我们要实现 IPA 分析,需要让数据点均匀分布在 4 个象限中,接下来我们通过设置坐标轴区间来实现数据点均匀分布。

实训 6 游客满意度 IPA 分析

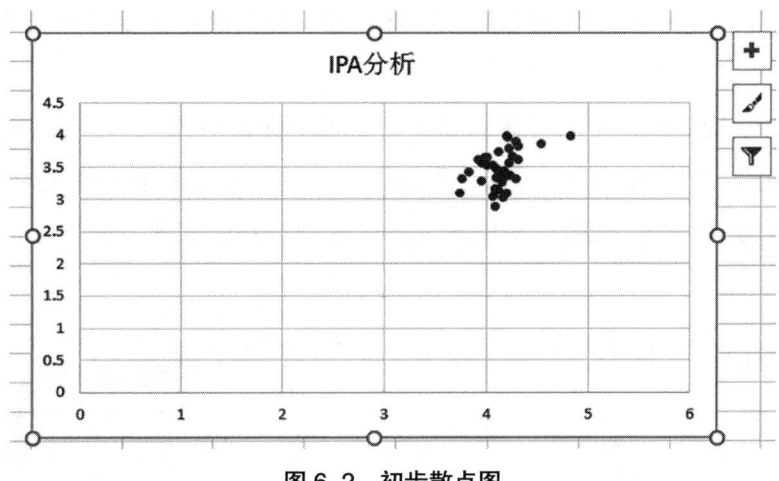

图 6-2 初步散点图

1. 设置 X 轴边界

经观察,"游览前期望均值"列的数值范围为 3.7—4.9,而目前实际 X 轴的区间范围为 0—6,为使数据点整体左移,我们修改 X 轴的坐标轴边界为 3.7—4.9。

点击 X 轴数值,单击右键,点击"设置坐标轴格式 (F)…",在右侧的"设置坐标轴格式"窗口中点击"坐标轴选项",将坐标轴边界最小值改为"3.7",最大值改为"4.9"。此时,我们发现图中的数据点整体左移了,如图 6-3 所示。

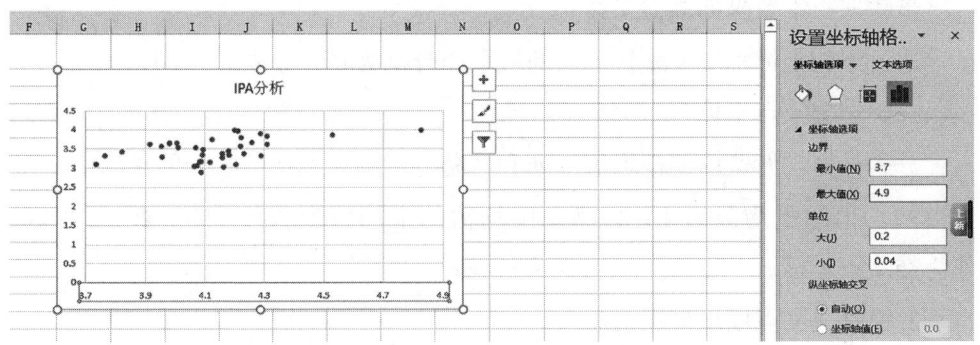

图 6-3 设置 X 轴边界

2. 设置 Y 轴边界

经观察,"游览后满意度均值"列的数值范围为 2.8—4.0,而目前实际 Y

| 65

轴的区间范围为 0—5，为使数据点整体下移，我们修改 Y 轴的坐标轴边界为 2.8—4.0。

点击 Y 轴数值，单击右键，点击"设置坐标轴格式"，在右侧的"设置坐标轴格式"窗口中点击"坐标轴选项"，将坐标轴边界最小值改为"2.8"，最大值改为"4.0"。此时，我们发现图中的数据点已实现了平均分布，如图 6-4 所示。

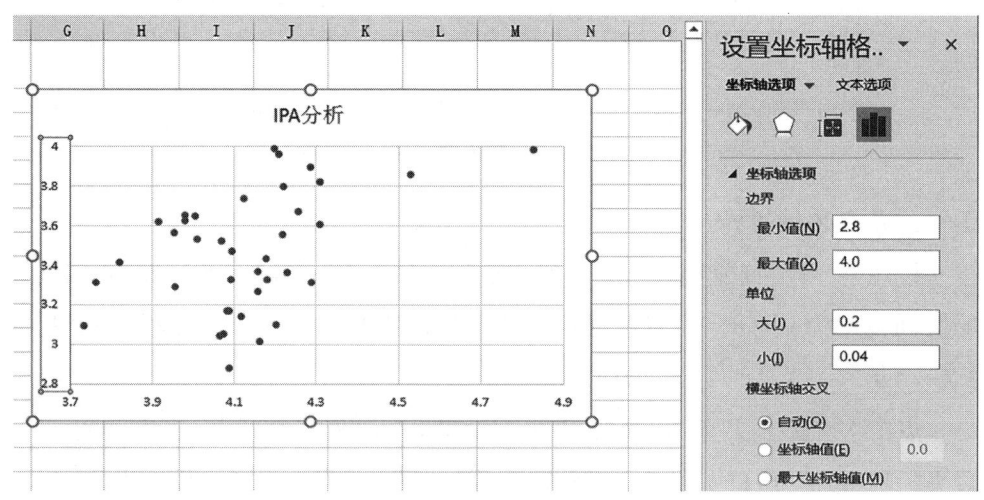

图 6-4 设置 Y 轴边界

步骤三：设置坐标轴交叉线

通过添加坐标轴交叉线将上面的散点图分割为 4 个象限。

1. 确定交叉点坐标

分别计算"游览前期望均值"列和"游览后满意度均值"列的平均值，得到期望均值的平均数为 4.11，满意度均值的平均数为 3.44，将（4.11，3.44）作为交叉点坐标。

2. 设置交叉点横纵坐标值

在右侧的"设置坐标轴格式"窗口中点击"坐标轴选项"，设置"纵坐标轴交叉"坐标轴值为"4.11"，"横坐标轴交叉"坐标轴值为"3.44"。此时，该散点图被横纵坐标轴分割为 4 个象限。

3. 去掉图表网格线

点击"图表设计"选项卡,依次点击"添加图表元素→网格线 (G)",分别选择"主轴主要水平网格线 (H)"和"主轴主要垂直网格线 (V)",去掉图表中的网格线,如图 6-5 所示。

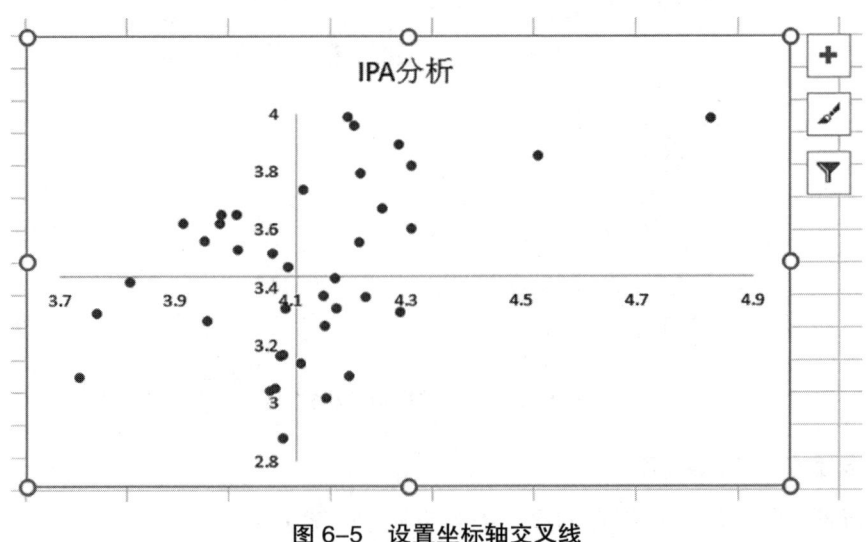

图 6-5　设置坐标轴交叉线

步骤四:为数据点添加数据标签

将散点图分成 4 个象限后,我们需要知道落在各个象限中的数据点分别代表什么项目因子,因此需要项目因子的序号显示在各数据点上方。

1. 添加数据标签

点击"图表设计"选项卡,依次点击"添加图表元素→数据标签 (D) →其他数据标签选项 (M)…"。此时,在每个数据点上方出现了具体的数值,但我们要的是"序号",需进一步修改数据标签的值。

2. 设置数据标签格式

在右侧的"设置数据标签格式"窗口中依次点击"标签选项→标签包括",选择"单元格中的值 (F)",在打开的"数据标签区域"中选择"序号"列 B2:B29 区域,点击"确定",再将多余的选项"Y 值 (Y)"和"显示引导线 (H)"去掉,IPA 分析图就全部做好了,如图 6-6 所示。

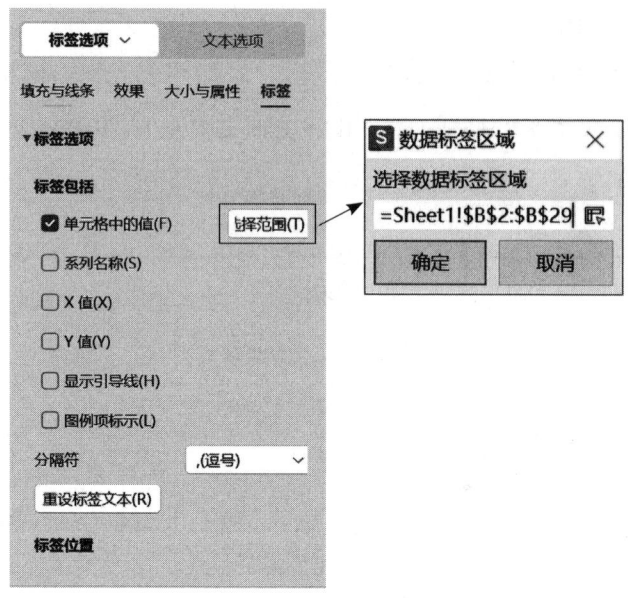

图 6-6　设置数据标签格式

步骤五：汇总数据

将各象限区域中数据点的序号填入空表中（表 6-2）。

表 6-2　数据点序号表

象限名称	数据点序号	项目因子
第一象限		
第二象限		
第三象限		
第四象限		

[实训总结]

通过本次实训，学生不仅能够深入理解 IPA 分析法的原理和应用，还能够掌握数据收集、处理和分析的基本技能。同时，实训过程中还能够培养学生的团队协作能力和问题解决能力，为其未来从事服务性行业工作打下基础。

[实训评价]

请根据本实训的完成情况进行评价并填写实训评价表 6-3。

表 6-3 实训评价表

实训环节	评价指标	分值	自评	师评
实训准备	理解 IPA 分析的概念	10		
	掌握 IPA 分析的核心思想	10		
实训步骤	创建初"XY 散点图",正确添加"数据系列"	10		
	正确设置 X 轴边界	10		
	正确设置 Y 轴边界	10		
	正确设置坐标轴交叉线	10		
	为数据点添加数据标签	10		
	正确汇总数据	10		
实训体会		20		
	评分	100		

实训 7　客流趋势分析

[实训场景]

通过对客流量进行分析，建立有效的游客量预测模型，不仅能为相关部门提供管理决策的科学依据，减少隐患事故的发生，还可以通过客流量分布情况预估，为游客提供制订出行计划的依据；从数据中分析消费规律，对促进我国旅游产业的健康可持续发展，具有重要的发展意义。本实训通过分析北京市 2017 年 1 月到 2023 年 12 月景区接待人数数据，对北京市 2024 年 1 月到 12 月的景区接待人数进行预测，为景区管理、游客出行等提供参考依据。

[实训目标]

- 掌握利用时间序列数据进行客流趋势分析的目的、意义及基本概念。
- 掌握利用 SPSS 和 Excel 进行客流趋势分析的流程和步骤。
- 根据客流趋势分析结果，制定有效的管理策略，提升游客满意度。

[实训准备]

一、必备知识

时间序列分析中常用的概念如下。

1. 预测值

预测值是根据历史数据和数学模型计算得出的未来事件的估计数值。是将样本外年份的数据带入模型计算得到的值。

2. 拟合值

拟合值是根据输入数据和数学模型计算后得到的预测值或估计值。是将样本年份的数据重新带入模型计算得到的值。

3. 平稳的 R^2 和正态化 BIC（BIC 准则）

通常用于比较两个模型的好坏，这两个指标既考虑了拟合的好坏，又考虑了模型的复杂程度。平稳的 R^2 越接近 1 越好，正态化 BIC 的结果越小越好。

4. R^2

用来反映线性模型拟合的好坏，越接近于 1，拟合越准确。

5. 模型统计—杨·博克斯—显著性

这个数值大于 0.05，则表示残差是白噪声，即该时间序列能够被模型识别完全。

二、环境要求

1. SPSS 27.0 以上版本

2. Microsoft Excel 2016 以上版本

三、素材数据

从北京市文化和旅游局官网获取数据，并进行整理，得到表 7-1。

表 7-1　北京市近年景区接待人数统计汇总表（单位：万人）

年份	1—2月	3月	4月	5月	6月	7月	8月	9月	10月	11月	12月
2023 年	3588.3	2877.8	3982.7	3758.5	3422.9	4229.2	4248.6	3158.6	3322.2	2827.4	3994.9
2022 年	2703.3	1730.1	2161	1020	1265.5	1885.4	2334.3	2083.8	2419.2	891.3	570.2
2021 年	2215.7	1684.4	2759.4	2819.5	2065.2	2521.4	1742.3	1496.3	2355.6	1048.2	940.2
2020 年	332.1	831.6	1203.1	1532.6	1286.7	1311.9	1651.7	1830.4	2583.1	1748.7	1153.3
2019 年	2278.9	2420.1	3126.3	3147.6	2673.6	3221.1	3934.6	2505.4	3420.5	2161.3	1445.7
2018 年	2159.7	2119.4	3078	2996.4	2666.1	3101.9	3648.8	2889.9	3557.2	2079.7	1500.3
2017 年	2131.7	2337.1	3681.5	2407.4	2991.9	3069.1	3464.8	2380.5	3000.4	1973.3	1356.8

[实训步骤]

实现方法一：使用 SPSS 27.0 实现时间序列分析

步骤一：创建变量，并导入原始数据

1. 创建"接待人数"变量

打开页面左下角"变量视图"选项卡，创建变量，如图 7-1 所示。

操作视频7-1：
SPSS客流趋势预测

图 7-1 创建变量结果图

2. 导入客流量数据

左下角点击"数据视图"选项卡，切换回数据视图，并且从 Excel 表中复制原始数据到"接待人数"这列，如图 7-2 所示。

需要注意的是，Excel 表中每个单元格数据左右不要有多余的空格，否则将数据复制到 SPSS 后单元格数据将显示为空。

另外，此数据来自北京市文化和旅游局官网，原始数据中每年的 1 月和 2 月数据是合并为一项统计的（1—2 月）。为了数据的完整性，可在 Excel 表中做处理，将原始 1—2 月数据平均分配到 1 月和 2 月。

实训 7　客流趋势分析

图 7-2　接待人数原始数据

3. 定义日期型变量

北京市接待游客人数为时间序列，因此需要定义日期。点击菜单"数据"下"定义日期和时间(E)…"（图 7-3），设置数据起始年月（图 7-4），结果如图 7-5 所示。

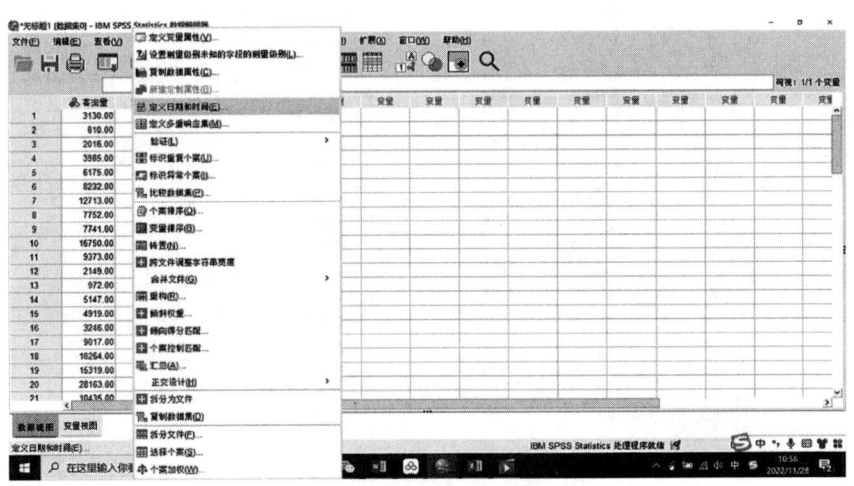

图 7-3　定义日期和时间

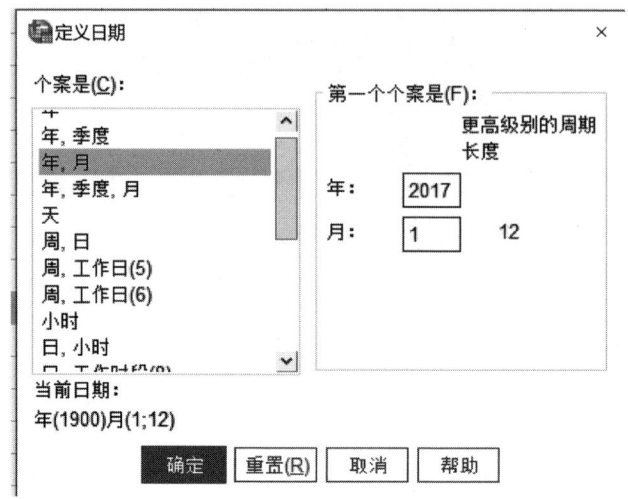

图 7-4　设置数据起始年月

图 7-5　定义日期时间结果图

步骤二：对数据进行预处理

查看原始数据是否有缺失值，如有，使用序列平均值法或邻近点的平均值法补充缺失值。目前数据中没有缺失值，可转入下一步。

步骤三：使用 SPSS 专家建模器，完成数据预测

1. 选择时间序列分析模型

执行操作：分析→时间序列预测→创建传统模型，如图 7-6 所示。

图 7-6 时间序列"分析"菜单选择图

2. 进行参数设定

（1）"变量"选项卡中设定"因变量(D)"为"接待人数"。"方法(M)"选择"专家建模器"。点击"专家建模器"后面的"条件(C)..."，在弹出的"时间序列建模器：专家建模器条件"中选择"所有模型(A)"，并在"专家建模器考虑季节性模型(X)"前打勾，如图 7-7 所示。

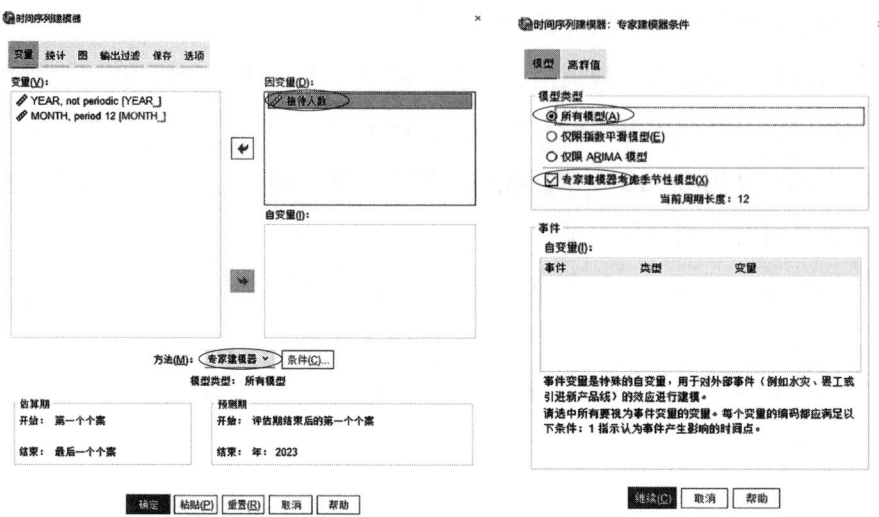

图 7-7　时间序列建模器"变量"选项卡参数选择

（2）在"统计"选项卡中选择需要统计的参数。通常图 7-8 中所示参数为常用参数。

（3）在"图"选项卡中的"单个模型的图"区域勾选"序列(E)"，在"每个图显示的内容"区域勾选"实测值(D)""预测值(S)""拟合值(I)"，如图 7-9 所示。

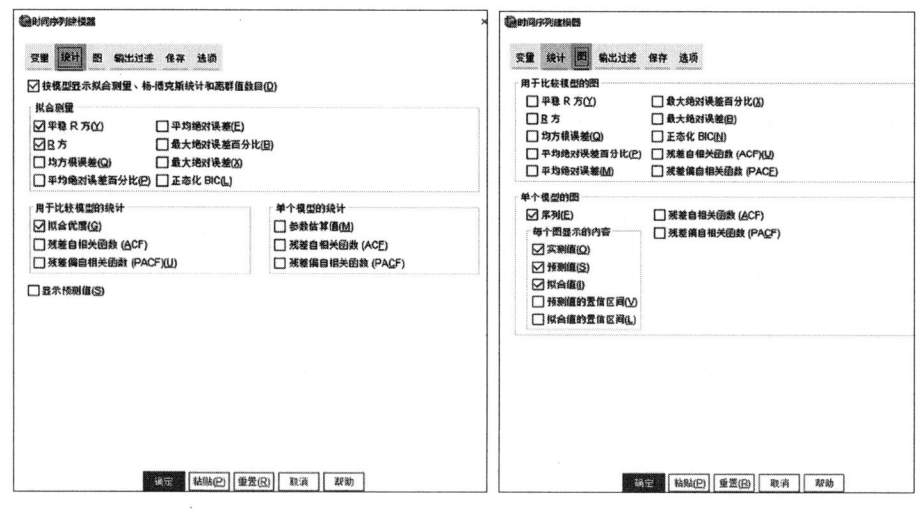

图 7-8　时间序列建模器"统计"选项卡参数选择　　图 7-9　时间序列建模器"图"选项卡参数选择

（4）在"保存"选项卡中，设置保存预测值到数据编辑器。勾选"预测值"后的"保存"，并且"变量名前缀"不能用中文，这里设置为 P，如图 7-10 所示。

（5）在"选项"选项卡里，"预测期"设置要预测到的年月份。"预测期"区域的单选框选择"评估期结束后的第一个个案到指定日期之间的个案(C)"，日期输入 2024 年 12 月，这表示预测到 2024 年 12 月，如图 7-11 所示。

图 7-10　时间序列建模器"保存"选项卡参数选择

图 7-11　时间序列建模器"选项"选项卡参数选择

（6）参数设定完，点击"确定"。

步骤四：查看预测效果

1. 查看统计查看器里的预测效果统计

在统计查看器里，可以看到预测效果。图 7-12 看到中该预测使用了简单季节性模型，反映拟合效果的参数"R^2"大于 0.7，说明拟合效果良好（这个值不超过 1，越大越好）。图 7-13 曲线显示拟合效果也不错。

图 7-12 预测效果统计

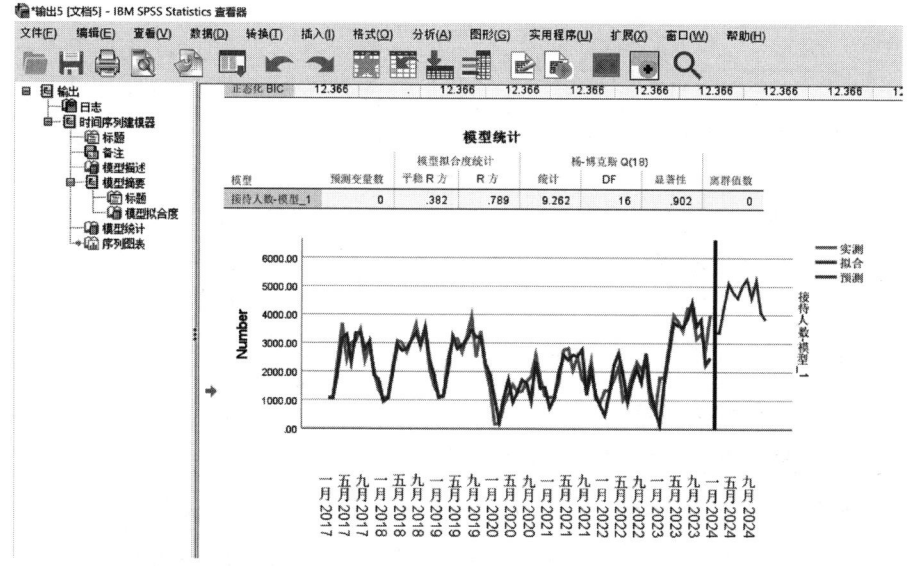

图 7-13 预测效果图

2. 查看数据编辑器窗口的预测数据

查看数据编辑器窗口，如图 7-14，多了一列"P_接待人数_模型_1"，从该列可以看到具体的预测值。列名前缀 P 即为"步骤三"中"2. 进行参数设定"里（4）"保存"选项卡中设置的结果。

实训 7 　客流趋势分析

图 7-14　预测数据

实现方法二：使用 Excel 2016 实现时间序列分析

步骤一：Excel 数据准备

将 Excel 原始数据中 1—2 月数据平均分配到 1 月和 2 月后，按列进行整理，结果如图 7-15 所示。

操作视频7-2：
Excel客流趋势预测

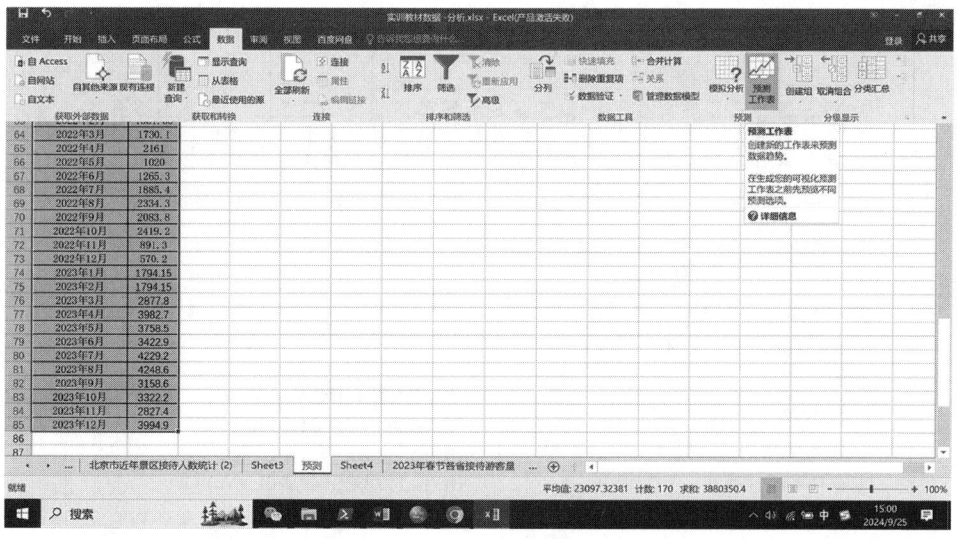

图 7-15　Excel 原始数据

步骤二：对数据进行预处理

查看原始数据是否有缺失值，如有，使用"零"或"内插"补充缺失值。目前数据中没有缺失值，可转入下一步。

步骤三：数据预测

1. 菜单选择"预测工作表"

选中所有数据，执行操作：数据→预测工作表，如图7-15所示。

2. 设定参数

参数"预测结束(E)"设置为"2024/12/1"，点击"选项(U)"，参数"预测开始(S)"设置为"2023/12/1"，"季节性"下方选择"自动检测(A)"，点击"创建"，如图7-16所示。

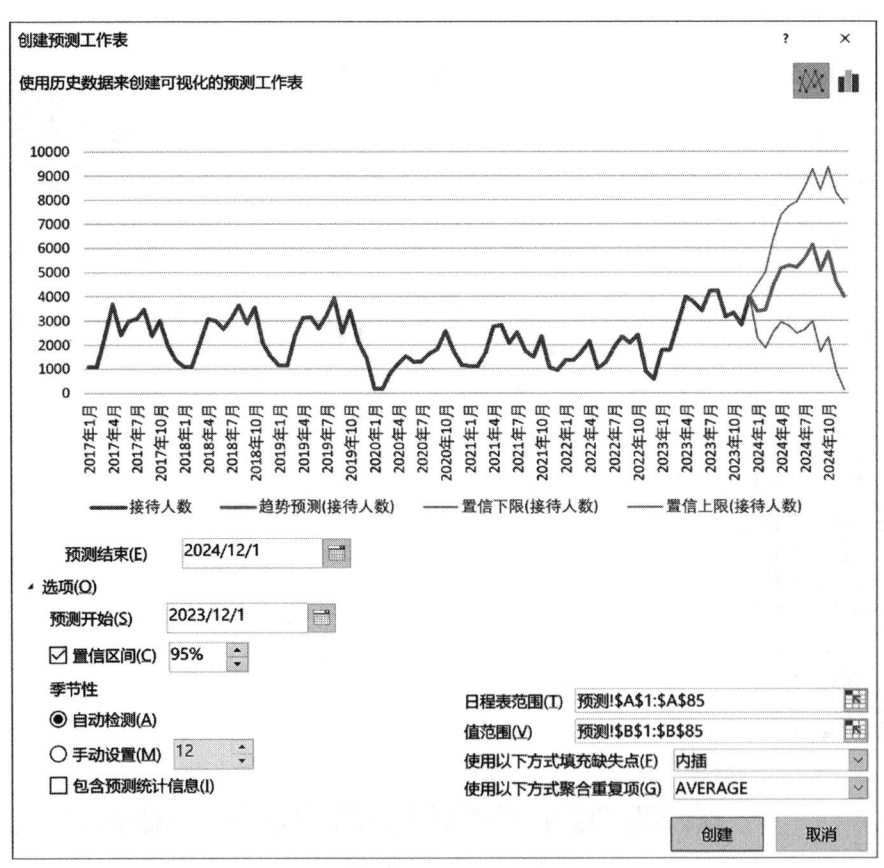

图7-16 设定参数

实训 7 客流趋势分析

步骤四：查看预测结果

可以看到，预测效果如图 7-17 所示。

图 7-17 预测效果

预测值如图 7-18 所示。

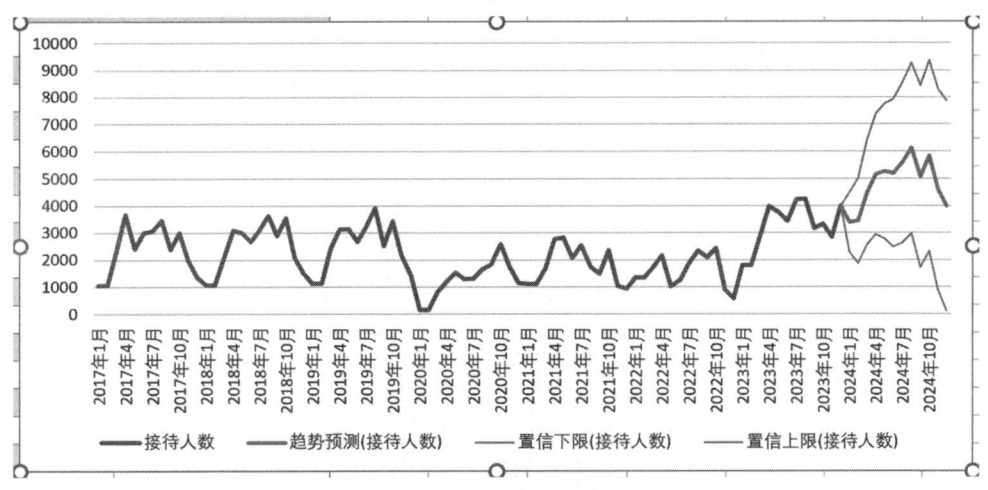

年月	接待人数	趋势预测(接待人数)	置信下限(接待人数)	置信上限(接待人数)
2023年10月	3322.2			
2023年11月	2827.4			
2023年12月	3994.9	3994.9	3994.90	3994.90
2024年1月		3388.525556	2276.92	4500.13
2024年2月		3435.321053	1864.06	5006.58
2024年3月		4456.956953	2532.24	6381.68
2024年4月		5160.098423	2936.88	7383.31
2024年5月		5262.535662	2775.91	7749.16
2024年6月		5195.646661	2470.51	7920.79
2024年7月		5562.360411	2617.54	8507.18
2024年8月		6123.184753	2973.58	9272.79
2024年9月		5064.417818	1722.18	8406.66
2024年10月		5832.233071	2307.52	9356.95
2024年11月		4593.94249	895.41	8292.47
2024年12月		3989.866695	125.01	7854.73

图 7-18 预测值所示

[实训拓展]

北京市文化和旅游局官网公布的北京市 2024 年最新接待游客人数（包括 2024 年 1 月到 2024 年 11 月数据）如图 7-19 所示，结合图 7-1 的数据，利用 SPSS 和 Excel 做了 2024 年 12 月到 2025 年 12 月北京市接待旅客人数预测，SPSS 结果如图 7-20、图 7-21 所示，Excel 预测结果如图 7-22、图 7-23 所示。

2023年11月	2827.4
2023年12月	3994.9
2024年1月	2765.15
2024年2月	2765.15
2024年3月	3559.4
2024年4月	4291.5
2024年5月	4656
2024年6月	4038.5
2024年7月	4709.6
2024年8月	5310.5
2024年9月	3631.9
2024年10月	4988
2024年11月	3453.2

图 7-19 北京市 2024 年最新接待游客人数统计（单位：万人）

模型统计

模型	预测变量数	模型拟合度统计 平稳R方	R方	杨-博克斯 Q(18) 统计	DF	显著性	离群值数
接待人数-模型_1	0	.500	.842	11.651	16	.768	0

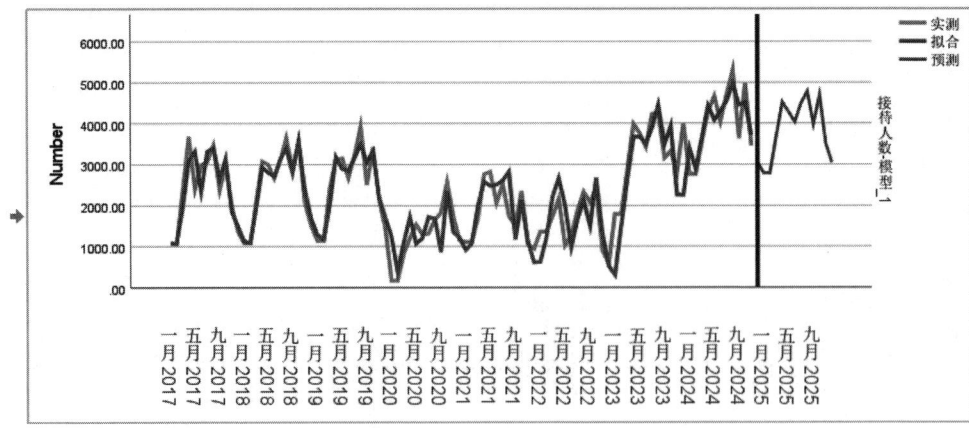

图 7-20 结合最近数据 SPSS 预测效果图

实训 7　客流趋势分析

YEAR_	MONTH_	DATE_	P_接待人数_模型_1
2025	1	JAN 2025	2790.09
2025	2	FEB 2025	2790.08
2025	3	MAR 2025	3676.32
2025	4	APR 2025	4516.77
2025	5	MAY 2025	4273.58
2025	6	JUN 2025	4032.54
2025	7	JUL 2025	4487.47
2025	8	AUG 2025	4773.28
2025	9	SEP 2025	3978.43
2025	10	OCT 2025	4687.10
2025	11	NOV 2025	3504.20
2025	12	DEC 2025	3047.26

图 7-21　结合最近数据 SPSS 预测数据

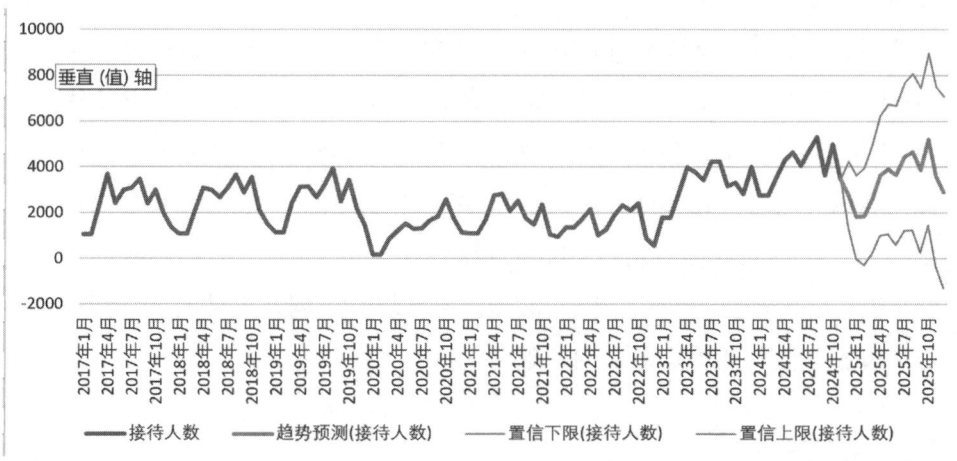

图 7-22　结合最近数据 Excel 预测效果

年月	接待人数	趋势预测(接待人数)	置信下限(接待人数)	置信上限(接待人数)
2024年12月		2770.095215	1320.53	4219.66
2025年1月		1810.78347	-2.04	3623.61
2025年2月		1833.877033	-281.44	3949.20
2025年3月		2580.154338	199.82	4960.49
2025年4月		3630.695713	1011.42	6249.97
2025年5月		3898.910835	1060.19	6737.63
2025年6月		3642.068672	599.17	6684.97
2025年7月		4445.565369	1210.85	7680.28
2025年8月		4659.336489	1243.10	8075.57
2025年9月		3853.351906	264.32	7442.38
2025年10月		5211.576354	1457.27	8965.88
2025年11月		3584.023098	-328.99	7497.04
2025年12月		2900.918313	-1277.53	7079.36

图 7-23　结合最近数据 Excel 预测数据

[实训总结]

本实训分别使用 SPSS 和 Excel 两种工具，根据北京市景点从 2017 年 1 月到 2023 年 12 月（数据步长为 1 个月）的接待人数总量数据，对 2024 年 1 月到 2024 年 12 月（步长为 1 个月）游客趋势进行预测，并结合真实数据进行了可视化展示。通过对比 2024 年 1 月到 2024 年 11 月的预测数据与北京市文化和旅游局官网真实数据，发现 SPSS 预测效果优于 Excel。通过本实训，学生不但掌握了客流趋势分析的方法和流程，而且培养了精益求精的工匠精神，为将来从事服务性行业奠定坚实的基础。

[实训评价]

请根据本实训的完成情况进行评价并填写实训评价表 7-2。

表 7-2　实训评价表

实训环节	评价指标	分值	自评	师评
实训准备	理解时间序列分析中常用概念，并掌握时间序列分析的核心思想	10		

续表

实训环节	评价指标	分值	自评	师评
使用 SPSS 实训步骤	正确创建变量，并导入原始数据	10		
	正确对数据进行预处理	10		
	正确使用 SPSS 专家建模器，完成数据预测	10		
	正确分析预测效果	10		
使用 Excel 实训步骤	正确完成数据准备	10		
	正确进行数据预处理	10		
	正确完成数据预测	10		
	正确分析预测结果	10		
实训体会		10		
评分		100		

实训 8　客流分布分析

[实训场景]

通过客流时间和空间分布分析,使管理者了解客流在时间和空间上的分布情况,为管理者提供管理决策的科学依据,提高管理效率,减少隐患事故的发生。

本实训通过对北京市 2017 年 1 月—2023 年 12 月景区接待总人数进行时间分布分析,以及对"2023 年春节各省接待游客量"数据进行空间分布分析,为景区管理、游客出行等提供参考依据。

[实训目标]

·掌握利用 Excel 进行客流时间分布分析的方法和流程。
·掌握利用 Tableau 进行客流空间分布分析的方法和流程。
·根据客流分布分析结果,制定有效的营销策略,提升景区影响力。

[实训准备]

一、必备知识

1. Tableau 工作区

工作表工作区是 Tableau 数据可视化的核心场景,该工作区的功能应用较多,根据工作区布局,主要分为数据窗口、分析窗口、行列功能区、视图区、页面卡、筛选器卡、标记卡、标签栏等部分。

2. 维度和度量

维度往往是一些名称、分类、时间、地理位置方面的定性字段，将其拖放到功能区时，Tableau 不会对其进行计算，而是对视图区进行分区。度量往往是数值字段，将其拖放到功能区时，Tableau 会默认进行聚合运算，同时，视图区将产生相应的轴（图 8-1）。

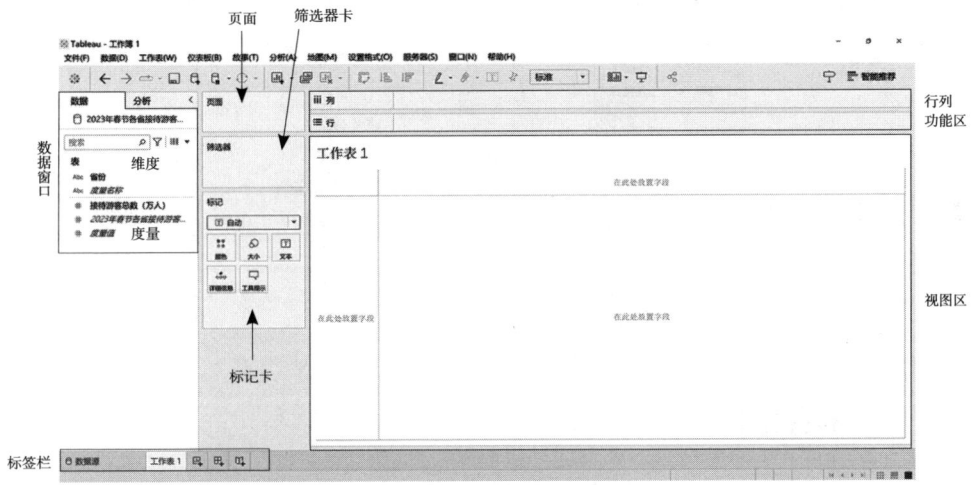

图 8-1　Tableau 工作区

Tableau 连接数据时会对各个字段进行评估，根据评估自动地将字段放入维度窗口或度量窗口。通常 Tableau 的这种分配是正确的，但有时也会出错。比如数据源中有"学生学号"字段时，学号由一串数字构成，连接数据源后，Tableau 会将其自动分配到度量中。这种情况下，我们可以把学号从度量窗口拖放至维度窗口中，以调整数据的角色。

在颜色表示方面，维度是深色，度量是浅色（图 8-2）。

3. Tableau 标记卡区

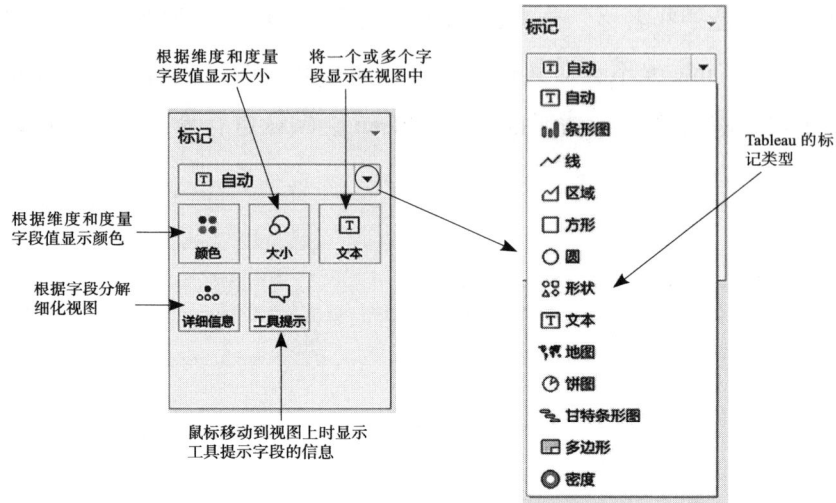

图 8-2　Tableau 标记卡区

二、环境要求

1. Microsoft Excel 2016 以上版本

2. Tableau 2023

三、素材数据

客流时间分布分析数据如表 8-1 所示。

表 8-1　客流时间分布分析数据

年月	接待人数（万人）	年月	接待人数（万人）	年月	接待人数（万人）	年月	接待人数（万人）
2017 年 1 月	1065.85	2017 年 6 月	2991.4	2017 年 11 月	1973.3	2018 年 4 月	3078
2017 年 2 月	1065.85	2017 年 7 月	3069.1	2017 年 12 月	1356.8	2018 年 5 月	2996.4
2017 年 3 月	2337.1	2017 年 8 月	3464.8	2018 年 1 月	1079.85	2018 年 6 月	2666.1
2017 年 4 月	3681.5	2017 年 9 月	2380.5	2018 年 2 月	1079.85	2018 年 7 月	3101.9
2017 年 5 月	2407.4	2017 年 10 月	3000.4	2018 年 3 月	2119.4	2018 年 8 月	3648.8

实训 8 客流分布分析

续表

年月	接待人数（万人）	年月	接待人数（万人）	年月	接待人数（万人）	年月	接待人数（万人）
2018 年 9 月	2889.9	2020 年 1 月	166.05	2021 年 5 月	2819.5	2022 年 9 月	2083.8
2018 年 10 月	3557.2	2020 年 2 月	166.05	2021 年 6 月	2065.2	2022 年 10 月	2419.2
2018 年 11 月	2079.7	2020 年 3 月	831.6	2021 年 7 月	2521.4	2022 年 11 月	891.3
2018 年 12 月	1500.3	2020 年 4 月	1203.1	2021 年 8 月	1742.3	2022 年 12 月	570.2
2019 年 1 月	1139.45	2020 年 5 月	1532.6	2021 年 9 月	1496.3	2023 年 1 月	1794.15
2019 年 2 月	1139.45	2020 年 6 月	1286.7	2021 年 10 月	2355.6	2023 年 2 月	1794.15
2019 年 3 月	2420.1	2020 年 7 月	1311.4	2021 年 11 月	1048.2	2023 年 3 月	2877.8
2019 年 4 月	3126.3	2020 年 8 月	1651.7	2021 年 12 月	940.2	2023 年 4 月	3982.7
2019 年 5 月	3147.6	2020 年 9 月	1830.4	2022 年 1 月	1351.65	2023 年 5 月	3758.5
2019 年 6 月	2673.6	2020 年 10 月	2583.1	2022 年 2 月	1351.65	2023 年 6 月	3422.9
2019 年 7 月	3221.1	2020 年 11 月	1748.7	2022 年 3 月	1730.1	2023 年 7 月	4229.2
2019 年 8 月	3934.6	2020 年 12 月	1153.3	2022 年 4 月	2161	2023 年 8 月	4248.6
2019 年 9 月	2505.4	2021 年 1 月	1107.85	2022 年 5 月	1020	2023 年 9 月	3158.6
2019 年 10 月	3420.5	2021 年 2 月	1107.85	2022 年 6 月	1265.3	2023 年 10 月	3322.2
2019 年 11 月	2161.3	2021 年 3 月	1684.4	2022 年 7 月	1885.4	2023 年 11 月	2827.4
2019 年 12 月	1445.7	2021 年 4 月	2759.4	2022 年 8 月	2334.3	2023 年 12 月	3994.9

全国各省直辖市客流空间分布分析数据如表 8-2 所示。

表 8-2 客流空间分布分析原始数据

省份	接待游客总数（万人）	省份	接待游客总数（万人）
四川	5387.59	新疆	478.19
云南	4514.61	内蒙古	477.24
江苏	4135.01	宁夏	152.63
山东	3916.3	山西	146.21
河南	3375.28	青海	139.3
湖北	3345.2	江西	2742.94
浙江	2531.1	广西	539.94
福建	2087.79	重庆	417.5
湖南	1567.58	西藏	51.02

续表

省份	接待游客总数（万人）	省份	接待游客总数（万人）
吉林	1154.67	陕西	881
黑龙江	1104.9	贵州	299.21
辽宁	1022.6	河北	1115
甘肃	1012	广东	2273
上海	1002.29	安徽	2789.07
北京	712.8	台湾	2
天津	709.2	香港	130
海南	639.36	澳门	45

[实训步骤]

一、客流时间分布分析

1. 数据预处理

操作视频8-1：客流时间分布分析

将表 8-1 中北京市从 2017 年 1 月 1 日到 2023 年 12 月 1 日（数据步长为 1 个月）的接待人数总量数据进行整理，将 1—12 月数据平均。

2. 绘制柱形图

选中输入数据，插入柱形图，并设置绘图区格式。结果如图 8-3 所示。

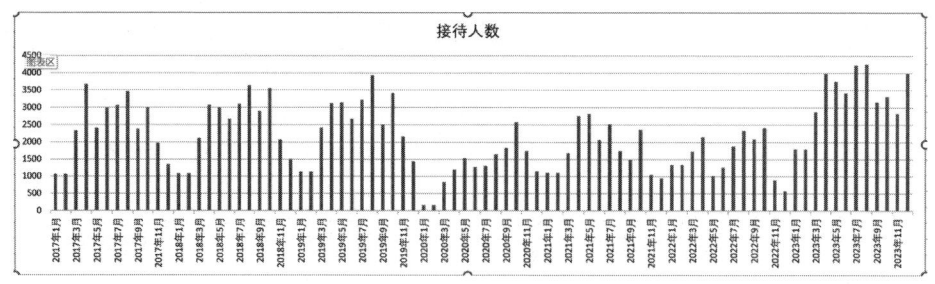

图 8-3 客流时间分布效果

可以看到，从 2020 年 1 月开始到 2022 年 12 月，由于疫情原因，北京市的接待人数有了一定下降；疫情结束后，从 2023 年 3 月开始，北京市的游客出现了反弹，同比上涨了很多。同时也可以看出，每年的 8 月、10 月是北京旅游高峰期，4 月、5 月也是一个小高峰；每年的 1 月、2 月接待游客人数锐减，客流量进入低潮期。

二、客流空间分布分析

使用 Tableau 2023 工具连接到 Excel 文件，获取具体数据。

操作视频8-2：
客流空间分布分析

1. Tableau 连接到 Excel

点击 Tableau 工具左侧 "连接" → "Microsoft Excel"，如图 8-4 所示。

图 8-4　Tableau 连接到 Excel

2. 导入 Excel 工作表 "2023 年春节各省接待流客量"

打开 "数据源" 选项卡，双击打开工作表 "2023 年春节各省接待游客量"，如图 8-5 所示。

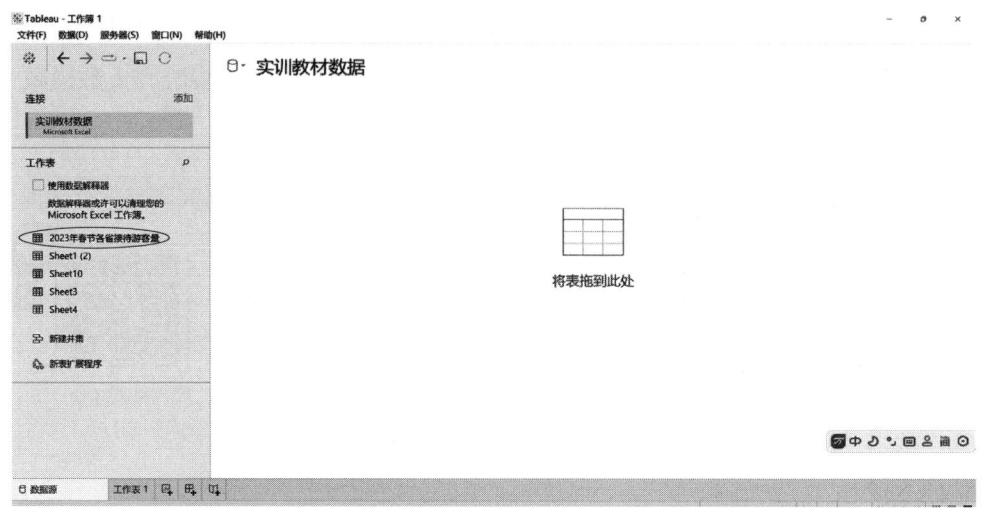

图 8-5　打开工作表"2023 年春节各省接待游客量"

导入数据后如图 8-6 所示。

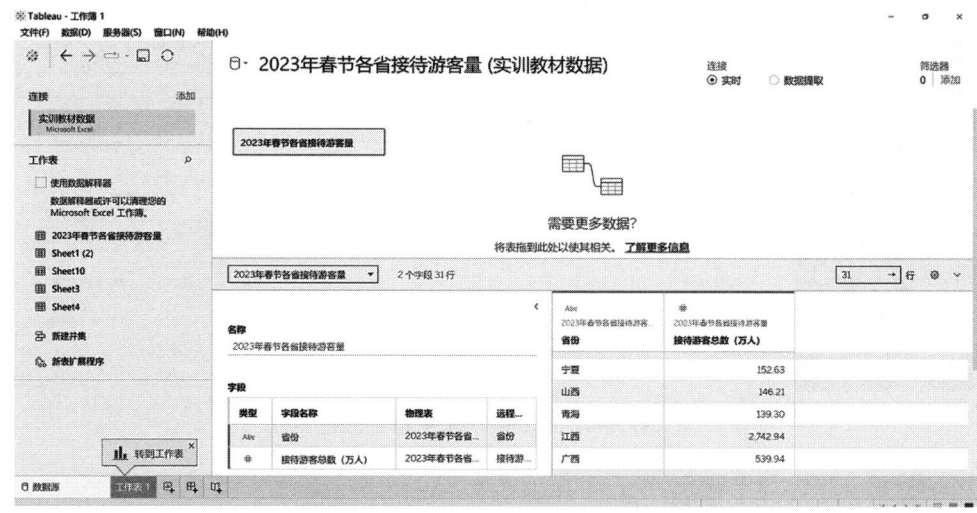

图 8-6　Tableau 导入数据后结果图

3. 打开左下角"工作表 1"选项卡

进行气泡图相关配置,绘制空间分布效果图。

（1）按省份分解细化。"标记"区"详细信息"功能是依据拖放的字段对视图进行分解细化。设置"标记"区中"详细信息"为"省份",如图 8-7 所示。

可以看到，每个省份默认用一个小矩形来表示，当鼠标悬浮于矩形上时，会显示省份名称。

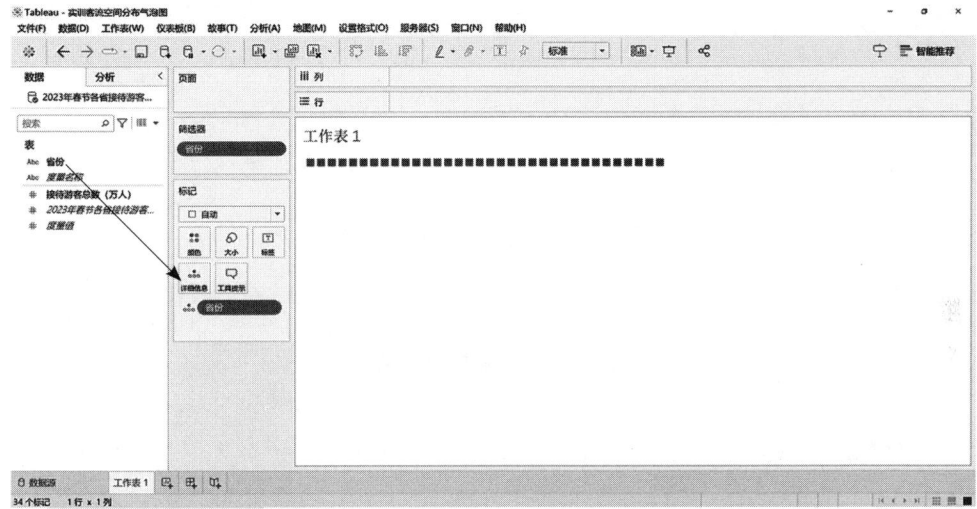

图 8-7　设置"标记"区中"详细信息"

（2）设置标记为圆（气泡图）。选择"标记"下拉框的"圆"，设置为气泡图，如图 8-8 所示。得出的结果如图 8-9 所示。

（3）设置气泡的大小与游客人数成正比。设置"标记"区中"大小"为"接待游客总数（万人）"，如图 8-10 所示。

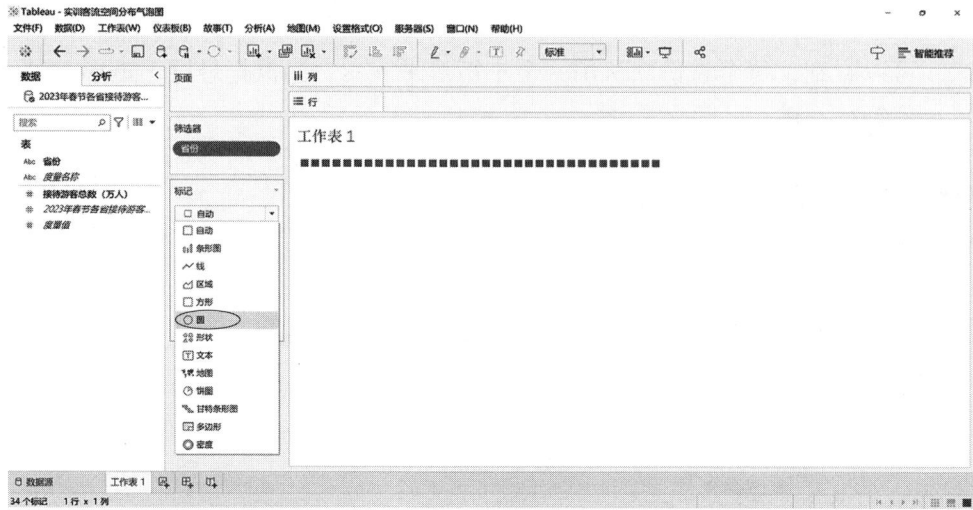

图 8-8 设置标记为圆

图 8-9 设置标记为圆效果

实训 8　客流分布分析

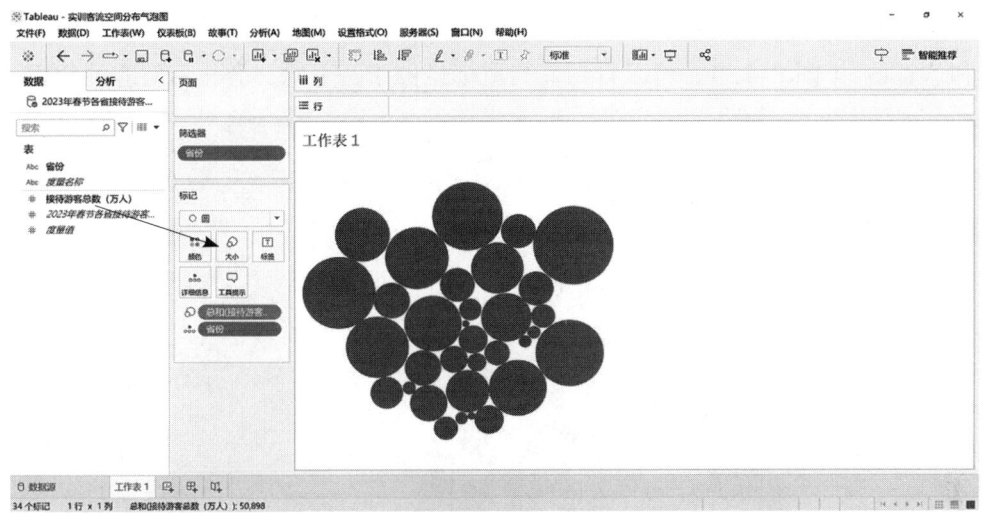

图 8-10　设置"标记"区中"大小"

（4）调整气泡图的颜色。设置"标记"区中"颜色"为"省份"，这样不同省份将显示为不同的颜色，如图 8-11 所示。

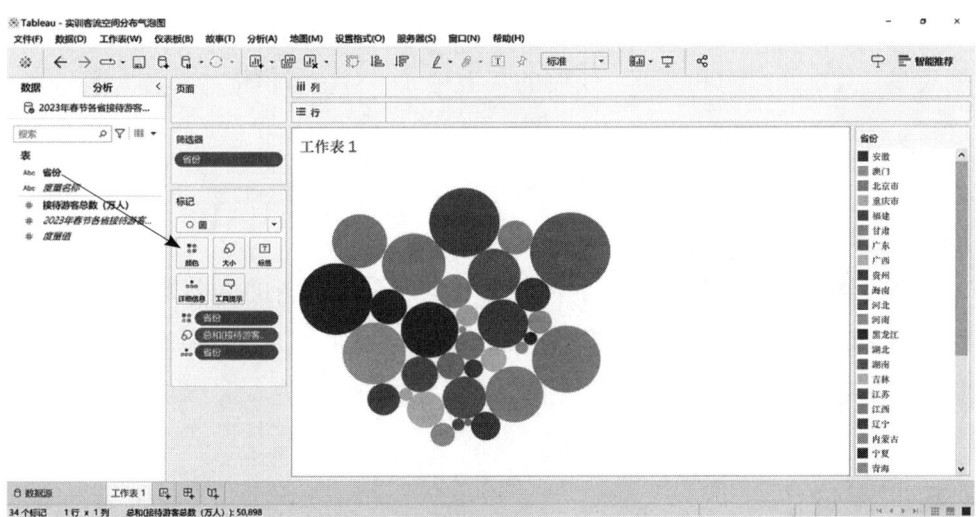

图 8-11　设置标记卡中的颜色

（5）添加标签。设置"标记"区中"标签"为"接待游客总数（万人）"和"省份"（图8-12）。可以看到，当鼠标悬停于圆上时，会显示对应的数据。

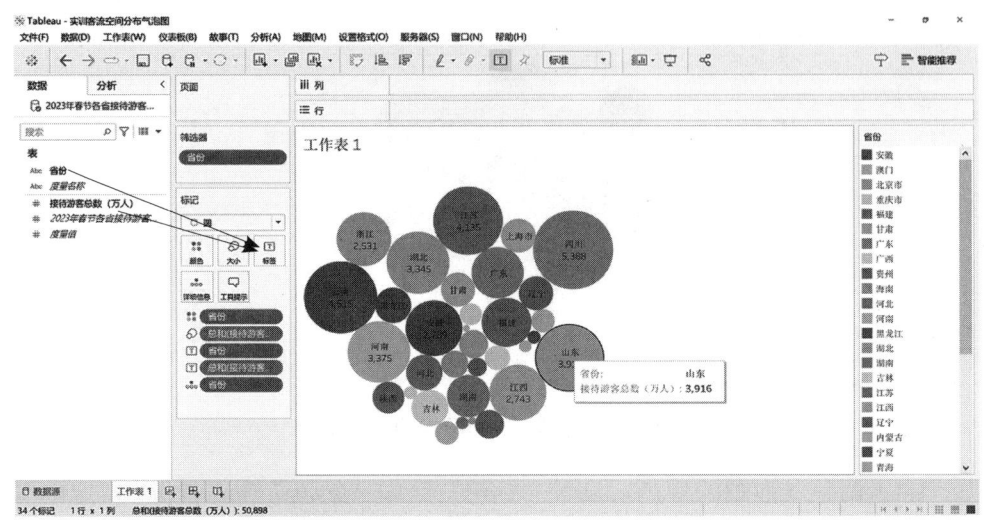

图8-12　设置"标记"区中的"标签"

图8-12即为最终气泡图。从中可以看出，2023年春节四川省接待游客总量最多，其次是云南和江苏。绘制的气泡越大，对应省份接待游客人数越多，这和Excel数据相匹配。

[实训总结]

通过本实训，学生了解了客流时间和空间分布分析的分析方法和分析流程，同时培养了分析和解决问题的能力，为未来从事服务性行业的工作奠定了坚实的基础。

[实训评价]

请根据本实训的完成情况进行评价并填写实训评价表8-3。

表 8-3　实训评价表

实训环节	评价指标	分值	自评	师评
实训准备	理解客流时间分布分析、客流空间分布分析的概念，并掌握 Tableau 工作区各部分的功能	10		
客流时间分布分析	正确进行数据预处理	10		
	正确绘制柱形图	10		
	正确分析柱形图绘制结果	10		
客流空间分布分析	正确将 Tableau 连接到 Excel	5		
	正确导入 Excel 工作表	5		
	正确进行气泡图相关配置，绘制空间分布效果图	20		
	正确分析气泡图绘制结果	10		
实训体会		20		
评分		100		

实训 9　旅游企业销售分析

[实训场景]

　　旅游企业销售分析是一项关键工作，它能够全面、深入地揭示业务运营的状况，为企业的策略调整与未来发展提供有力的数据支持。销售分析通过收集、整理和分析销售数据，如销售额、销售量、销售渠道、客户来源等，使企业能够清晰地了解自身的业务表现，识别出销售过程中的问题点和瓶颈环节。例如，某些产品或服务的销售表现不佳，或者某个销售渠道的转化率较低，这些都可能是需要重点关注和改进的地方。基于销售分析的结果，企业可以制定更加精准和有效的销售策略，针对销售表现不佳的产品或服务，可以调整定价策略、营销策略或产品本身的设计，对于转化率低的销售渠道，可以优化渠道布局或提升渠道服务质量，及时发现市场趋势和客户需求的变化，从而快速调整销售策略，抓住市场机遇。同时，销售分析还能帮助企业发现潜在的客户群体和新的市场机会，为业务拓展提供有力支持。本实训主要模拟了利用Tableau软件进行旅游企业销售分析的过程。

[实训目标]

- 了解销售额与销量关联趋势分析的作用。
- 掌握用Tableau进行销售额与销量关联趋势分析的方法。
- 了解销量占比分析的作用。
- 掌握用Tableau进行销量占比分析的方法。
- 掌握在Tableau中创建计算字段的方法。
- 能够创建计算字段完成相关数值的计算。

- 了解堆积柱形图的作用。
- 掌握在 Tableau 中创建堆积柱形图的方法。
- 了解帕累托图的作用。
- 掌握在 Tableau 中创建帕累托图的方法。
- 鼓励学生运用创新思维探索更多 Tableau 图表的制作方法。

[实训准备]

一、必备知识

1. 销售额与销量关联趋势分析的作用

（1）识别畅销和滞销产品。通过分析销售额与销量的关联趋势，可以清晰地看出哪些产品的销售额和销量同步增长，这些产品往往市场接受度较高。例如，一款产品在过去一段时间中，销量持续上升，同时销售额也按比例增加，这表明该产品在市场上有着强劲的需求。相反，若某产品销量停滞或下降，且销售额也随之减少，就有可能是滞销产品。企业可以据此对产品组合进行优化，加大畅销品的生产和推广，减少滞销品的库存积压。

（2）评估价格弹性。销售额是销量与价格的乘积，分析两者的关联趋势有助于了解产品的价格弹性。如果销量的变化对价格变动很敏感，价格稍有上涨，销量就大幅下降，导致销售额减少，说明产品价格弹性较大；反之，若价格上涨后，销量下降幅度较小，销售额仍能保持稳定或增长，表明价格弹性较小。例如，对于生活必需品，价格弹性通常较小，企业在制定价格策略时就可以适当考虑提价以增加利润；而对于非必需品，价格弹性较大，需要谨慎调整价格。

（3）发现市场需求变化。销售额和销量的关联趋势反映了市场对产品的需求动态。如果两者同时上升，可能意味着市场需求在增长；若出现下降趋势，则可能是市场需求萎缩或者出现了更有竞争力的替代品。例如，随着健康意识的提高，有机食品的销售额和销量都呈现逐年上升的趋势，这表明市场对有机食品的需求在不断增长，企业可以据此加大有机食品产品线的投入。

（4）优化销售渠道分配。通过分析不同销售渠道的销售额和销量趋势，企业可以确定各渠道的有效性。如果某一渠道的销售额和销量增长迅速，说明该渠道潜力较大，企业可以考虑加大在该渠道的投入，如增加营销资源、拓展渠道合作伙伴等。反之，对于销售业绩不佳的渠道，可以进行优化或淘汰。例如，某电子产品企业发现线上电商渠道的销售额和销量远高于线下实体店，且增长趋势良好，就可以将更多的资源向线上渠道倾斜，提升整体销售效率。

（5）评估营销活动效果。企业开展营销活动后，分析销售额和销量的关联趋势可以直观地评估活动效果。如果在促销活动期间，销售额和销量同步大幅增长，说明活动成功吸引了顾客购买；若活动后销售额和销量没有明显变化，可能需要调整营销活动的策略、内容或执行方式。例如，企业在推出一款新产品时，同时开展了广告宣传和促销活动，通过分析销售额和销量的变化，可以判断该营销活动是否有效地推动了新产品的销售。

2. 销量占比分析的作用

销量占比分析是一种通过计算不同产品、品类、销售渠道、时间段等维度在总销量中所占比例，来深入了解销售结构和业务状况的分析方法。

（1）评估产品或业务单元的重要性。明确哪些产品、业务对整体销售业绩贡献较大，哪些相对较小，有助于确定资源分配的重点。

（2）发现销售趋势与机会。追踪各维度销量占比随时间的变化，洞察市场需求的动态转移，及时发现增长潜力较大的领域或销售不佳的部分，以便调整策略。

（3）优化销售组合与策略。基于销量占比的分析结果，合理调整产品组合、定价策略、促销活动以及销售渠道布局，以提高整体销售效率和利润水平。

（4）对比与竞争分析。与竞争对手或行业标准进行销量占比对比，评估自身在市场中的竞争地位和差异化优势，进而制定针对性的竞争策略。

3. 堆积柱形图的作用

堆积柱形图能够清晰地展示各个部分在整体中所占的比例关系。每一根柱子代表一个整体，而柱子内部的各个堆积部分则代表整体中的不同组成部分。

（1）比较不同整体下部分的构成差异。用于比较多个整体中各部分的构成情况。例如，比较不同城市分公司的业务结构，每个城市分公司对应一个柱子，柱子内按业务类型划分堆积部分。这样就可以方便地看出不同城市分公司在各类业务上的占比差异，从而分析出各城市市场的业务特点和优势业务领域。

（2）体现总量变化趋势。堆积柱形图可以展示随着时间或其他顺序变量的变化，各部分累加起来的总量变化趋势。例如，在分析某电商平台每个季度的订单量变化时，将每个季度的订单量按不同产品类别堆积展示，柱子的总高度体现了该季度的订单总量变化情况。这有助于观察整体业务规模的增长或收缩趋势，同时也能看到各产品类别在不同时期对总量变化的贡献程度。

（3）对比不同类别数据的累加差异。用于对比不同类别之间数据的累加情况。例如，比较不同产品线在多个季度内的销售数量累加，每个产品线是一个堆积系列，通过柱子的总高度对比不同产品线的销售总量差异，同时还能看到每个产品线内部各季度的销售分布情况，为评估产品线的总体表现和发展态势提供了综合视角。

（4）同时展示多个变量关系。堆积柱形图能够在一个图表中同时展示多个变量之间的关系。除了展示各部分占整体的比例和累加效果外，还可以通过柱子的分组、颜色、标签等方式展示其他维度的信息。

（5）简化复杂数据展示。对于复杂的数据集，堆积柱形图可以有效地简化数据呈现方式，避免使用多个单独的图表来展示不同维度的数据。这使得数据分析和解读更加高效，能够帮助用户在短时间内获取更多信息，并且更易于在报告或演示文稿中展示数据，增强数据传达的效果。

4. 帕累托图的作用

帕累托图应用帕累托法则（俗称二八原理），即百分之八十的问题是百分之二十的原因所造成的，它能够把质量问题或影响因素依据重要程度进行分类，并且以图形的方式展示出来。在帕累托图中，因素按照其发生频率或对结果的影响程度从高到低排列，通过这种排列方式，能够帮助使用者快速识别出那些对整体产生重大影响的少数关键因素，从而有针对性地采取措施进行改进和管理。

（1）确定优先顺序。由于因素的排列是根据重要性来的，帕累托图为问题解决或改进措施的实施提供了优先级顺序。管理者可以根据帕累托图，将资源集中投入到最关键的因素上，避免在一些对结果影响较小的因素上浪费过多的时间和精力。

（2）展示数据全貌。帕累托图不仅展示了各个因素的重要性排序，还同时展示了每个因素的具体数量或者占比情况。这样可以让使用者对问题的整体情况有一个全面的了解，包括问题的种类、每种问题的相对严重程度等。

（3）便于沟通交流。帕累托图以直观的图形方式呈现数据，相较于单纯的表格或文字描述，更容易被不同部门、不同层次的人员理解。这种可视化的工具可以有效地促进团队成员之间、不同部门之间的沟通和协作。

（4）跟踪改进效果。在采取改进措施后，可以通过更新帕累托图来观察关键因素的变化情况。如果改进措施有效，那么之前识别出的关键因素的频率或影响程度应该会降低，从而可以直观地看到改进措施对问题的改善效果。

二、环境要求

稳定的网络环境。

三、素材数据

本实训操作素材数据为"旅游销售分析.xlsx"。

操作视频9-1：
销售经理分析

[实训步骤]

通过对销售经理的业绩数据进行分析，可以量化评估其工作效率和效果，如销售额、销售目标完成率等，有助于企业了解销售团队的整体表现，为后续的激励和培训计划提供依据。

步骤一：连接数据源

打开 Tableau 软件，在左侧的"连接"中点击文件"Microsoft Excel"，打开指定路径下的"旅游销售分析.xlsx"素材文件，完成数据源的连接。

步骤二：销售额与销量关联趋势分析

为了分析某些销售经理在销售额和销量方面的出色表现，我们可以制作销售额与销量的关联趋势图。

1. 制作销售额与销量关联分析图

点击下方的"工作表1"，在左侧的字段列表中选择"数量"拖放到"列"，选择"销售额"拖放到"行"，将"销售经理"和"销售额"分别拖放到标记的"标签"处，将"销售额"拖曳到标记的"大小"处，此时我们就可以看到，每一个销售经理的销售额都在圆点的旁边展示出来，圆点的大小根据销售额的多少来显示，销售额越高圆点越大。

2. 添加趋势线

点击左上角的"分析"，选择"趋势线"，此时，在图上就增加了关于销售额和销量的趋势线，如图9-1所示。在该图中我们可以看到趋势线呈现直线形式，说明产品销量与销售额具有线性相关性，产品价格比较稳定。同时，对于销量较高的销售经理，可以考虑提供更多的新产品让其销售，对于销量较低的销售经理，要了解情况，帮助其分析销量低的原因，以期能够改善销售情况。

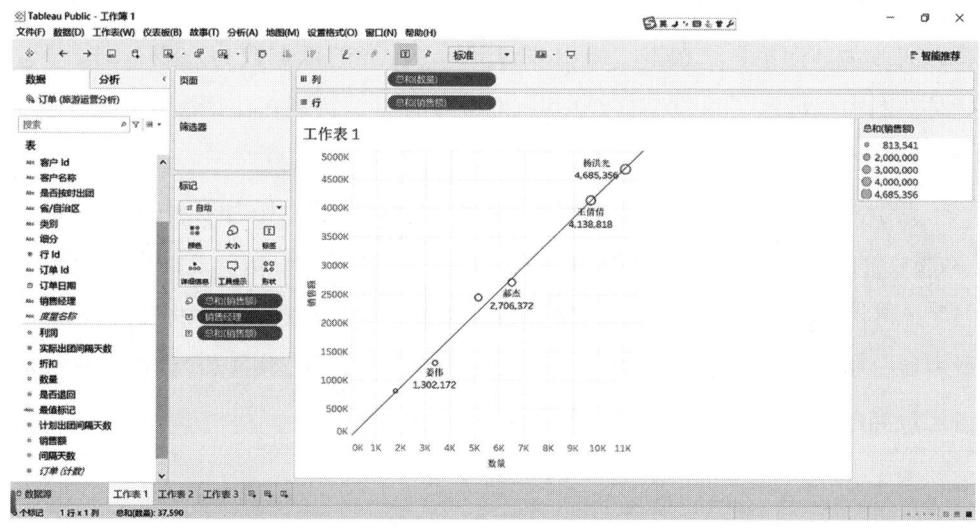

图 9-1　销售额与销量关联趋势分析图

步骤三：销量占比分析

企业想要更全面地洞察销售团队的表现，方便将更多资源投入到表现出色的销售经理身上，可以通过制作销量占比图来对销售经理的销量情况进行整体分析，根据分析结果对表现较差的销售经理可以提供更多的支持和培训。下面我们来制作 2020 年各销售经理在当月的销量占比情况图。

操作视频9-2：
销量占比分析

1. 选择日期范围

新建"工作表2"，将"订单日期"拖到"列"2次。第一个"订单日期"时间间隔设置为"年"，第二个"订单日期"时间间隔设置为"月"，设置筛选器，将"订单日期"拖到筛选器上，日期范围选择"年"，点击"下一步"，只保留2020年，将2021、2022和2023删掉。

2. 设置表计算

将"销售经理"拖到"行"，将"数量"拖到"标记"的"标签"处。此时，我们能够看到图中展示了2020年每个月各销售经理的销量情况。下面我们通过设置快速表计算来显示每个销售经理的销量在当月总销量的占比情况。点击"标记"中的"总和（数量）"，选择"快速表计算""合计百分比"。此时，图中显示的是按每个销售经理销量总额计算的百分比，我们需要将表的计算方向改为"向下"。点击"编辑表计算"，计算的依据改为"表（向下）"，此时在图中就显示了每位销售经理在2020年各月销售额占比情况。

3. 设置小数位数和形状

点击图中任意数字，单击右键，点击"设置格式"，在字段中选择"总和（数量）的总计%"，点击"默认值""数字"，选择"百分比"，小数位数为"1"。再将字段"数量"拖曳到标记的"颜色"处，选择形状为"方形"，销量占比分析图就做好了，如图9-2所示。从该图中，我们可以看到每个月销量占比最高的销售经理对应的格子颜色最深。

实训 9 旅游企业销售分析

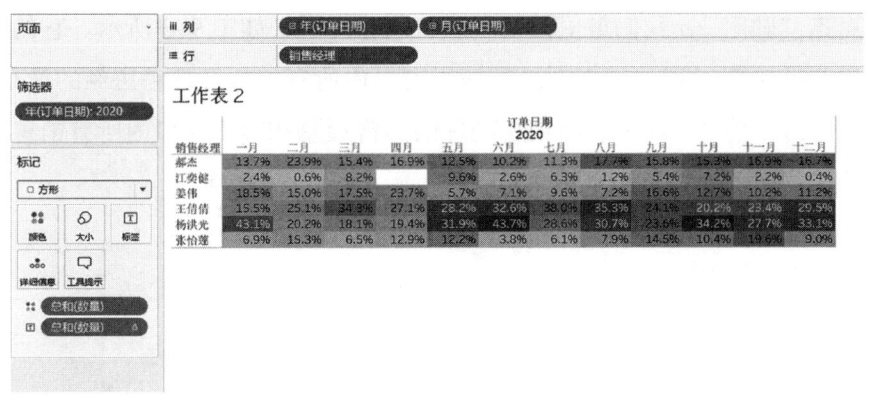

图 9-2 销量占比分析图

步骤四：销售额对比分析

为了直观了解不同销售经理的销售表现，我们可以将销售经理的销售额情况做成条形图进行对比。同时，我们可以在图中标记销售额最大值和最小值。标记出销售额最高的销售经理，便于识别销售冠军，分析其成功经验，为其他销售经理提供借鉴。标记出销售额最低的销售经理，可及时关注其销售情况，分析问题所在，提供必要的支持和帮助，促进其提升销售额。

操作视频 9-3：
销售额对比分析

1. 创建条形图

新建"工作表 3"，将"销售经理"拖曳到"行"，将"销售额"拖曳到"列"。此时就生成了每个销售经理的销售额情况条形图。在这个图中，我们可以直观地看到每个销售经理的销售额高低。

2. 创建计算字段

通过新增计算字段的方法来标记该条形图中的最小值和最大值。点击创建计算字段。在计算字段名称框中输入"最值标记"，在下方输入相应的代码。

```
IF SUM([ 销售额 ])=WINDOW_MIN(SUM([ 销售额 ]))THEN "最小值"
  ELSEIF SUM([ 销售额 ])=WINDOW_MAX(SUM([ 销售额 ])) THEN "最大值"
END
```

点击"确定",我们最值标记字段就创建好了,如图9-3所示。它的意思是如果当前销售经理的销售额总和等于窗口内所有销售经理销售额的最小值,则标记"最小值",如果当前销售经理的销售额总和等于窗口内所有销售经理销售额的最大值,则标记"最大值"。

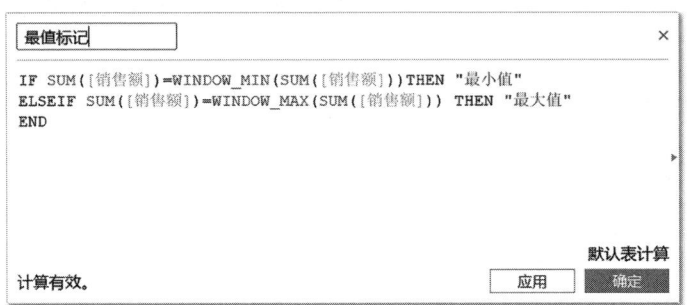

图9-3 创建"最值标记"计算字段

3.设置最值数据的颜色和标签

将"最值标记"字段拖曳到标记的"颜色"处,此时我们就能够看到销售额最低和最高的两个销售经理的条形图颜色发生了改变。我们将最小值设置为红色,最大值颜色设置为绿色。再将"最值标记"和"销售额"分别拖曳到标签,将视图设置为"整个视图",此时销售额最低和最高的销售经理的条形图不仅颜色与其他销售经理不同,而且在条形图上也标记了"最大值"和"最小值"的字样,这样,我们的销售额对比分析图就做好了,如图9-4所示。

图9-4 销售额对比分析图

实训 9　旅游企业销售分析

步骤五：销售额 TOP 10 目的地分析

在工作中，我们更加关注 TOP N，并且可能会从纵向或横向维度来对比分析，观察其在整体中的位置，以及其增长情况。下面我们分析销售额排名前 10 的目的地，再分析每个目的地"跟团游""自由行"和"定制游"各产品类别的销售额占多少。

操作视频9-4：
销售额TOP 10
目的地分析

1. 创建柱形图

新建"工作表 4"，将"目的地"拖拽到"列"，将"销售额"拖拽到"行"，将"销售额"拖曳到标记的"标签"处，得到各目的地销售额柱形图，如图 9-5 所示。

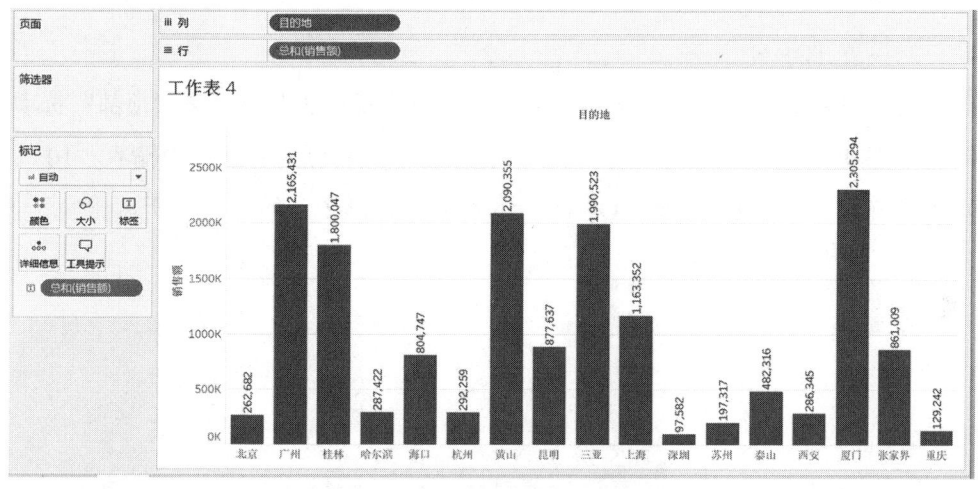

图 9-5　各目的地销售额柱形图

2. 创建堆积柱形图

单击工具栏中的"降序排序"按钮，将该柱形图按照各目的地销售额的高低降序排列，再将"产品类别"拖曳到标记的"颜色"处，得到按销售额降序排列的各目的地产品类别堆积柱形图，如图 9-6 所示。

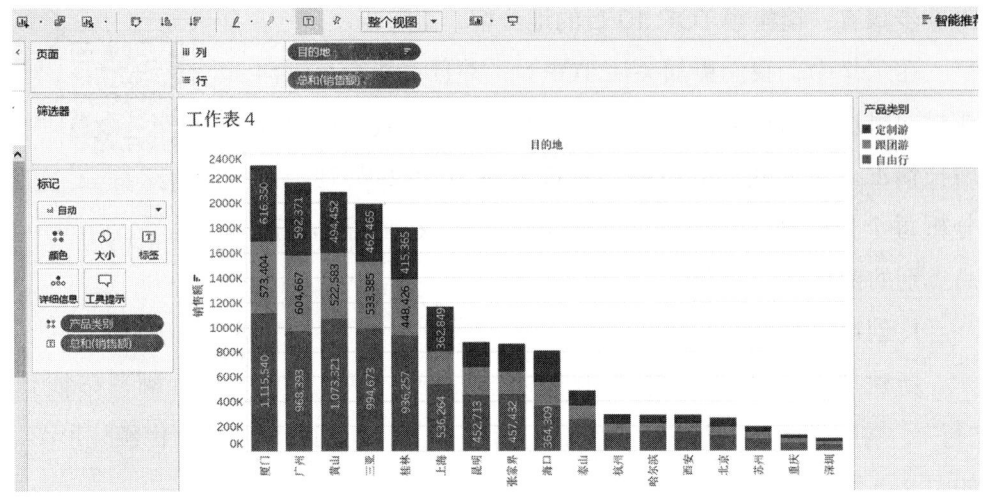

图 9-6　各目的地产品类别堆积柱形图

3. 设置 TOP N

将"目的地"拖曳到筛选器,在打开的筛选器对话框中单击"顶部"选项卡,如图 9-7 所示。单选"按字段",在"顶部"右侧的对话框中输入"10",点击"确定",得到销售额 TOP 10 目的地堆积柱形图,如图 9-8 所示。

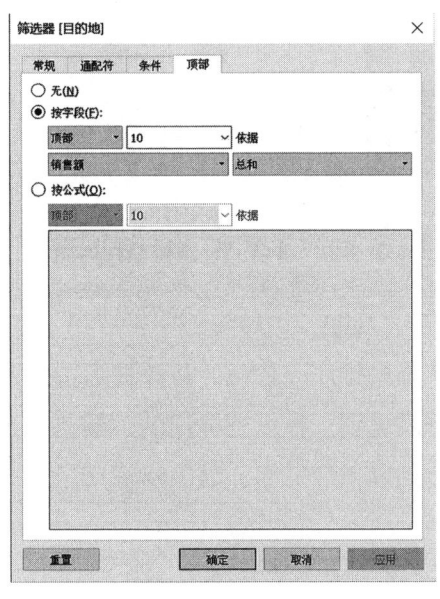

图 9-7　设置筛选器

实训 9　旅游企业销售分析

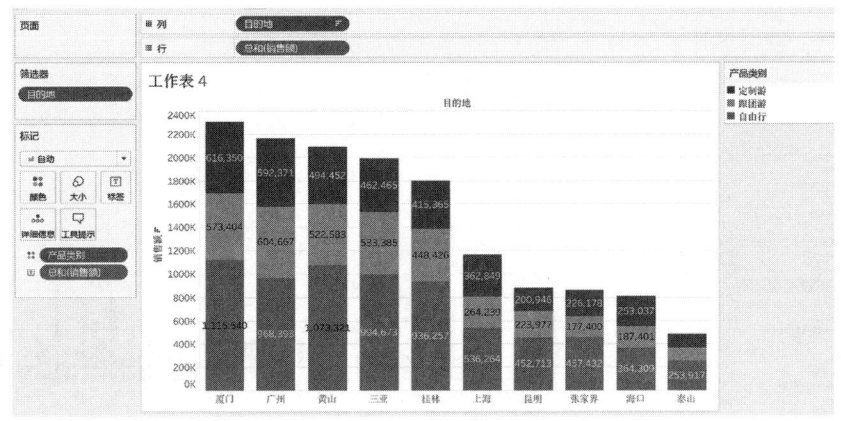

图 9-8　销售额 TOP 10 目的地堆积柱形图

步骤六：关键客户贡献分析

企业资源是有限的，通过关键客户贡献分析，企业可以将更多的销售、营销和服务资源集中在高贡献客户身上，提高资源利用效率。根据帕累托原则，企业约 80% 的利润、收入或其他关键业务成果通常是由 20% 的关键客户贡献的。为了更全面地了解关键客户的贡献，我们用累托图展示销售额排名前 600 客户的累积销售额占比情况。

操作视频9-5：
关键客户贡献分析

1. 生成初步的客户销售额柱形图

新建"工作表 5"，将"销售额"拖拽到"行"，将"客户名称"拖拽到"列"，因客户较多，会弹出"警告"对话框，如图 9-9 所示。单击"添加所有成员"，警告对话框就会关闭，生成初步的客户销售额柱形图，如图 9-10 所示。

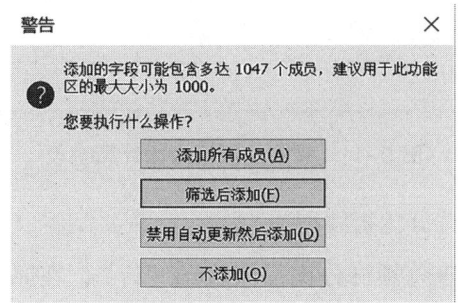

图 9-9　警告对话框

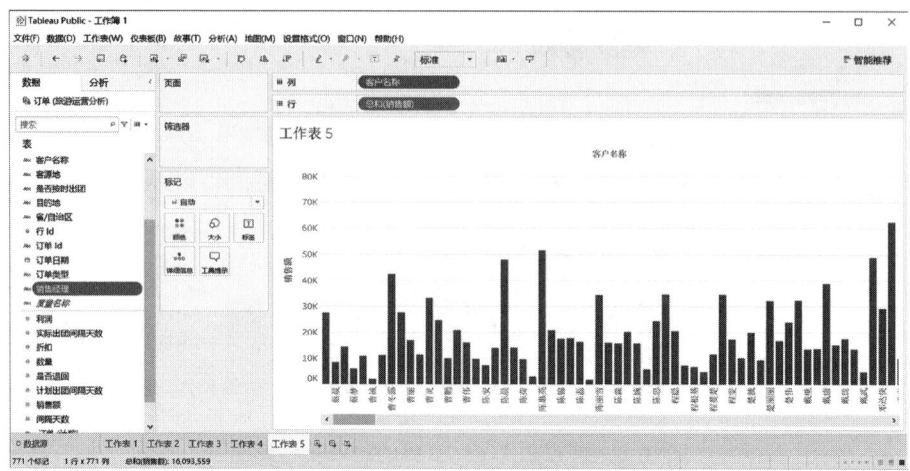

图 9-10　初步的客户销售额柱形图

2. 创建"销售总额百分比"计算字段

单击"数据"窗格右上角的▼符号，单击下拉菜单中的"创建计算字段"，在计算字段名称框中输入"销售总额百分比"，在下方输入相应的代码，如图 9-11 所示。

图 9-11　销售总额百分比计算字段

3. 创建销售总额百分比折线图

将计算字段"销售总额百分比"拖拽到"行"，在原来柱形图的下方会生成一个关于"销售总额百分比"的柱形图，如图 9-12 所示。

实训 9　旅游企业销售分析

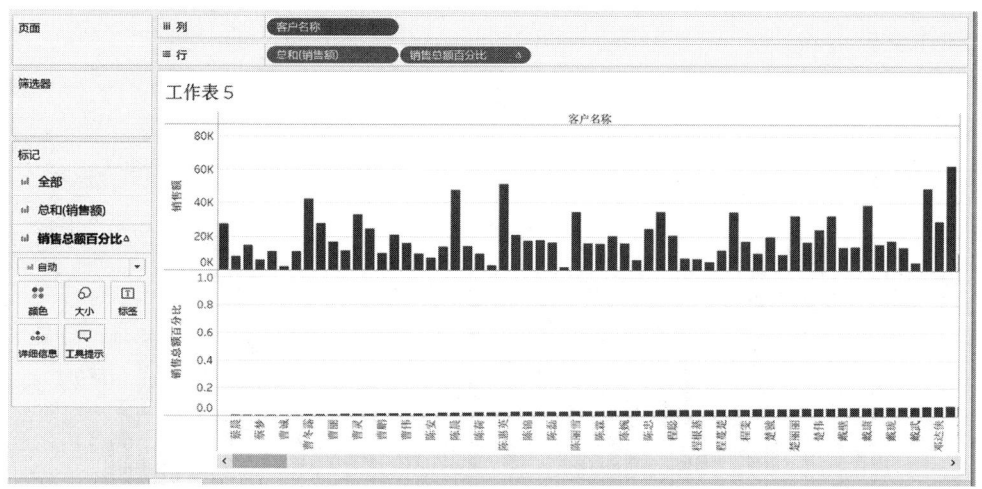

图 9-12　销售总额百分比图（1）

右键单击"行"上的"销售总额百分比"，下拉菜单中选择"双轴"，如图 9-13 所示。

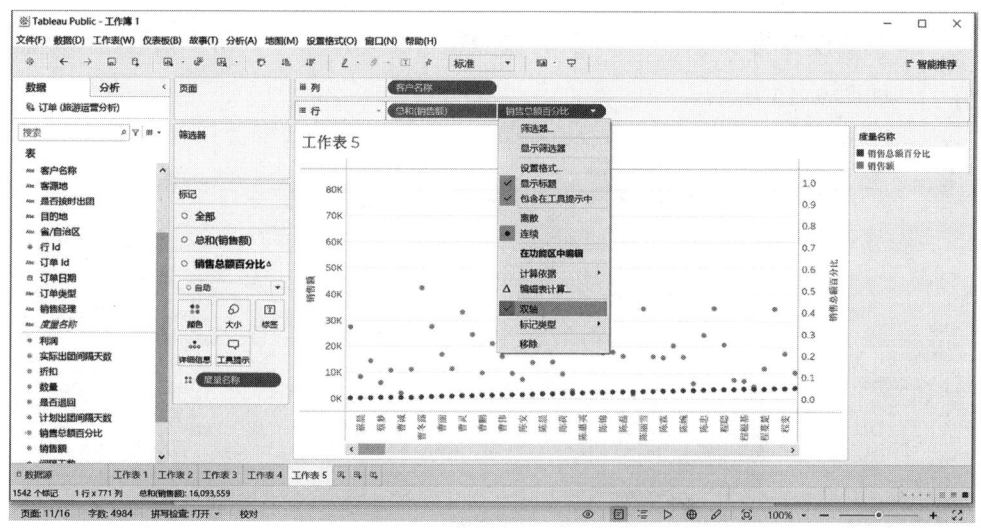

图 9-13　销售总额百分比图（2）

将"销售额"标记卡的标记类型改为"条形图"，将"销售总额百分比"标记卡的标记类型改为"线"，如图 9-14 所示。

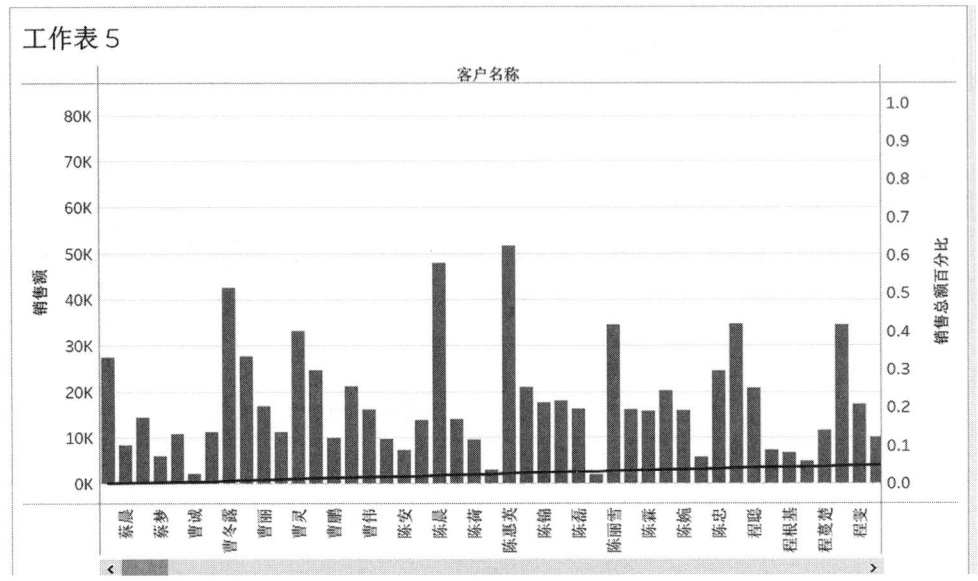

图 9-14　销售总额百分比图（3）

4. 生成初步帕累托图

将视图设置为"整个视图"，并按照销售额降序排序，初步帕累托图就做好了，如图 9-15 所示。

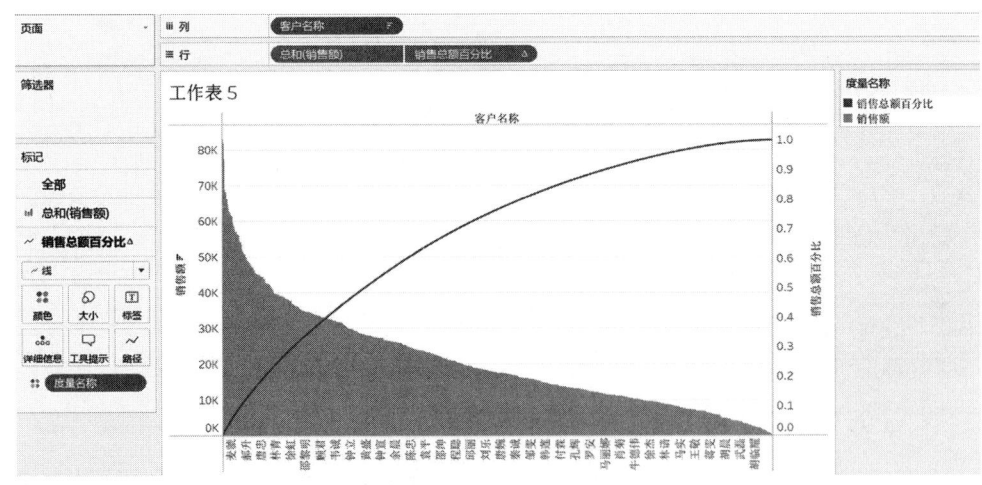

图 9-15　初步帕累托图

5. 创建参数和筛选器

通过设置参数可以控制客户排名数值。单击"数据"窗格右上角▼符号，在下拉菜单中选择"创建参数"，打开"创建参数"对话框。在"名称(N)"框中输入"销售额排名"，在"当前值(V)"框中输入"300"，"允许的值"选择"范围(R)"。在下方的"值范围"中选择"固定(x)"，"最小值(U)"设置为"1"，"最大值(X)"设置为"600"，"步长(Z)"设置为"10"，单击"确定"，创建"销售额排名"参数，如图9-16所示。

图9-16　创建"销售额排名"参数

将"客户名称"拖放至"筛选器"卡，筛选依据设置为刚才创建的参数"销售额排名"，如图9-17所示。

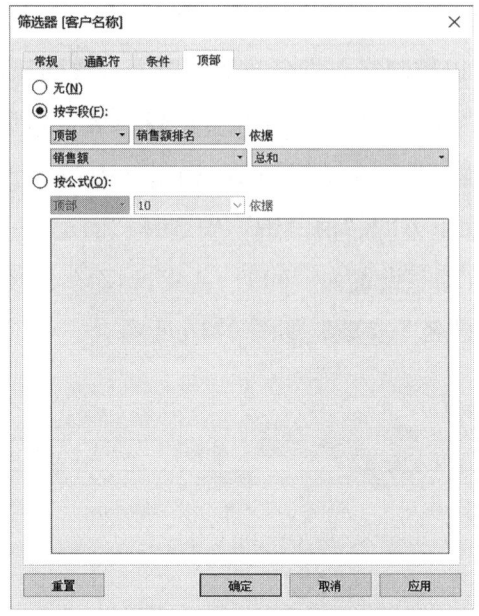

图 9-17 创建筛选器

最后，右键单击"数据"窗格中的参数"销售额排名"，在下拉菜单中选择"显示参数"，帕累托图的右侧就出现了销售额排名的可拖动滑钮和左右单击箭头，可以调节客户排名数值来查看对应客户数的帕累托图，如图 9-18 所示。

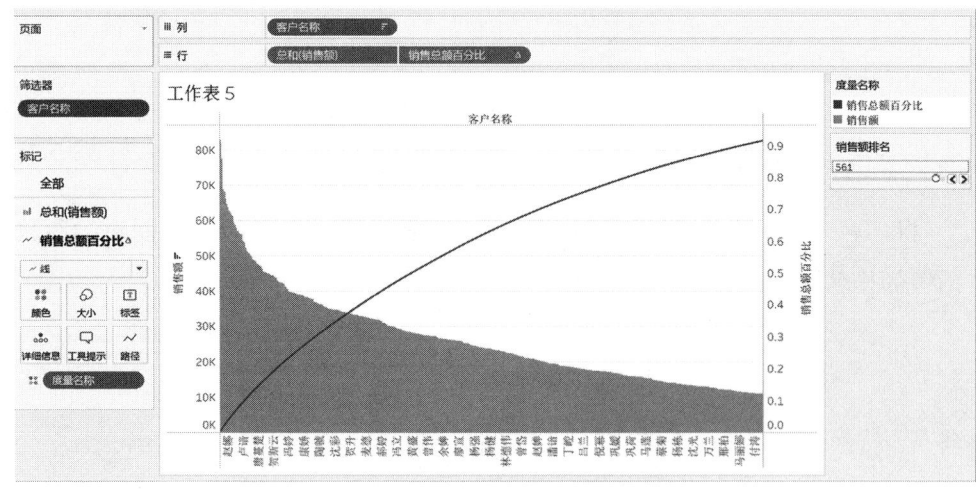

图 9-18 可调节客户排名数值的帕累托图

[实训总结]

通过本次实训，学生不仅能够了解销售额与销量关联趋势分析的作用、销量占比分析的作用、堆积柱形图的作用和帕累托图的作用，还能掌握在 Tableau 中进行销售额与销量关联趋势分析、销量占比分析、计算字段创建、堆积柱形图创建、帕累托图创建的方法，为企业决策提供更全面的支持。

[实训评价]

请根据本实训的完成情况进行评价并填写实训评价表 9。

表 9　实训评价表

实训环节	评价指标	分值	自评	师评
实训准备	了解销售额与销量关联趋势分析的作用	5		
	了解销量占比分析的作用	5		
	了解堆积柱形图的作用	5		
	了解帕累托图的作用	5		
实训步骤	使用 Tableau 正确进行销售额与销量关联趋势分析	10		
	使用 Tableau 正确进行销量占比分析	10		
	能够正确创建计算字段完成相关数值的计算	10		
	使用 Tableau 正确创建堆积柱形图	10		
	使用 Tableau 正确创建帕累托图	10		
	能运用创新思维探索更多 Tableau 图表的制作方法	10		
实训体会		20		
	评分	100		

实训 10　制作景点数据"动态看板"

[实训场景]

　　动态看板图表可视化是一种通过动画和交互效果展示数据的方式，其主要目的是提高数据可理解性，更好地理解和分析数据，揭示数据背后的趋势和模式。通过添加动画和交互效果，动态看板图表可以吸引读者的注意力，让他们更加专注数据和沉浸在数据中。动态看板图表支持多维度数据分析，帮助决策者形成全景视野，通过横向和纵向的数据关联，决策者可以更深入地理解不同因素之间的影响关系，从而优化决策过程。

[实训目标]

- 掌握 Excel 数据处理的基本方法和操作步骤。
- 动态看板图表可视化，将复杂的数据转化为易于理解和吸引人的图形形式，使读者更容易理解和解释数据。
- 把数据制作成动态看板，使数据间产生关联，为决策提供相关服务。
- 制作动态看板图表，发现数据中的趋势、模式及数据之间的关联性。

[实训准备]

一、必备知识

Excel 数据处理的基本能力。

二、环境要求

Microsoft office 2016 以上版本。

三、素材数据

本实训操作素材数据为"制作景点动态看板素材.xlsx",如图 10-1 所示。

图 10-1 制作景点动态看板素材

操作视频10：
制作景点数据动态看板

[**实训步骤**]

步骤一：制作"动态看板"标题

1. 新建工作表

在工作表标签位置点击" ",新建工作表"Sheet1"。

2. 设置标题区格式

选中工作表"Sheet1"的 A1:Q1，点击"对齐方式"区域的"合并后居中"，设置其行高为"50"，背景色为"自定义"颜色：红色 192，绿色 80，蓝色 77。

在 A1:Q1 区域输入标题"旅游销售数据动态看板"，在"字体"区域设置参数：微软雅黑、24磅、加粗、白色，如图 10-2 所示。

图 10-2 制作"动态看板"标题

步骤二：制作数据透视表

1. 制作"产品类别"数据透视表

在工作表"Sheet1"的 D2 单元格插入"产品类别"数据透视表。鼠标点在工作表"源数据"中有数据的任意一个单元格中，点击"插入"→"数据透视表"，在弹出的"创建数据透视表"对话框中，点选"选择放置数据透视表的位置"为"现有工作表（E）"，"位置（L）"为工作表"Sheet1"的 D2 单元格。在页面右边的"数据透视表字段"对话框中，选择要添加到报表的字段："行标签"为"类别名称"，"值"为"销售额"。修改该数据透视表的两个列标题分别为"产品类别"和"业绩总额"，如图 10-3 所示。

图 10-3 制作"产品类别"数据透视表

2. 制作"销售员"数据透视表

在工作表"Sheet1"的 D15 单元格插入"销售员"数据透视表。鼠标点在工作表"源数据"中有数据的任意一个单元格中,点击"插入"→"数据透视表",在弹出的"创建数据透视表"对话框中,点选"选择放置数据透视表的位置"为"现有工作表(E)","位置(L)"为工作表"Sheet1"的 D15 单元格。在页面右边的"数据透视表字段"对话框中,选择要添加到报表的字段:"行标签"为"姓名","值"为"销售额"。修改该数据透视表的两个列标题分别为"销售员"和"业绩总额",如图 10-4 所示。

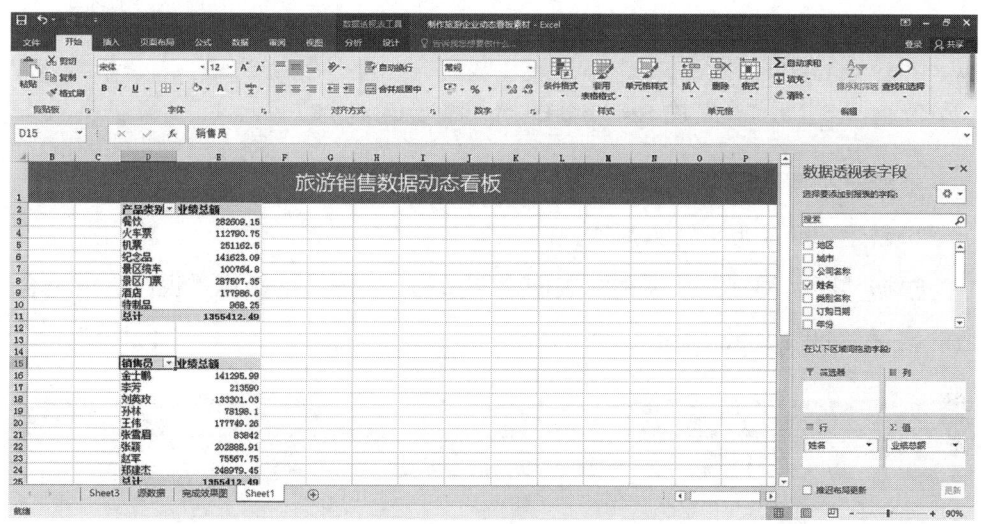

图 10-4 制作"销售员"数据透视表

3. 制作"年份"数据透视表

在工作表"Sheet1"的 D28 单元格插入"年份"数据透视表。鼠标点在工作表"源数据"中有数据的任意单元格中,点击"插入"→"数据透视表",在弹出的"创建数据透视表"对话框中,点选"选择放置数据透视表的位置"为"现有工作表(E)","位置(L)"为工作表"Sheet1"的 D28 单元格。在页面右边的"数据透视表字段"对话框中,选择要添加到报表的字段:"行标签"为"年份","值"为"销售额"。修改该数据透视表的两个列标题为"年份"和"业绩总额",如图 10-5 所示。

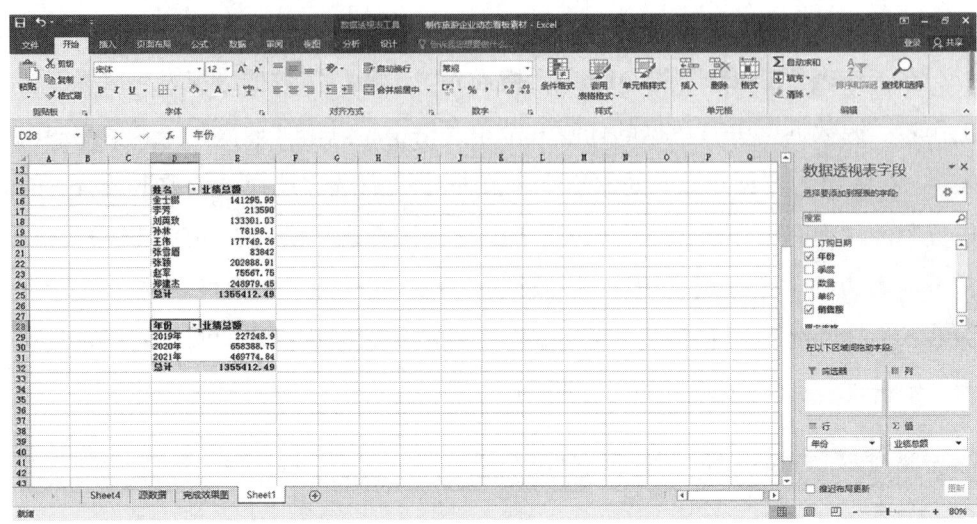

图 10-5　制作"年份"数据透视表

步骤三：创建数据透视图

1. 创建"产品类别"数据透视图

根据"产品类别"数据透视表创建类型为"饼图"的数据透视图，放到合适的位置，如图 10-6 所示。

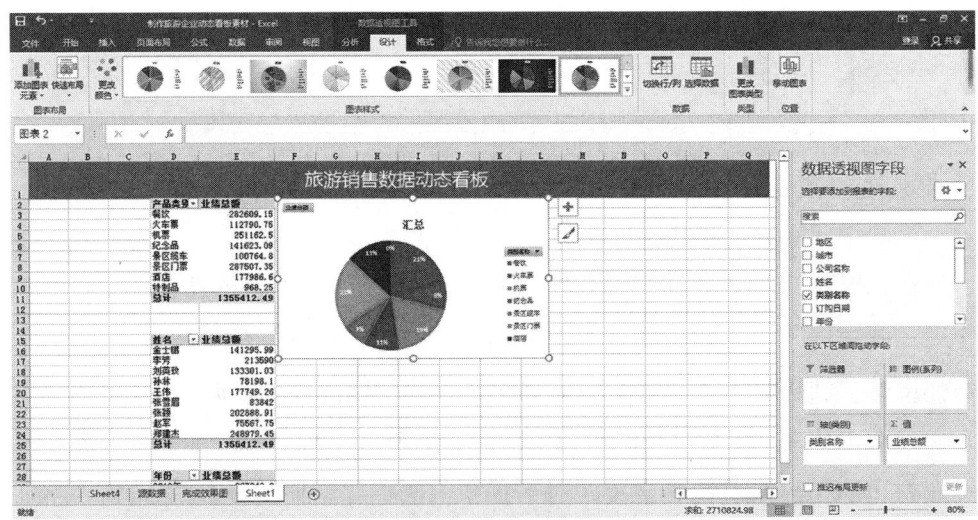

图 10-6　创建"产品类别"数据透视图

实训 10 制作景点数据"动态看板"

2. 创建"销售员"数据透视图

根据"销售员"数据透视表创建类型为"簇状柱形图"的数据透视图，放到合适的位置，如图 10-7 所示。

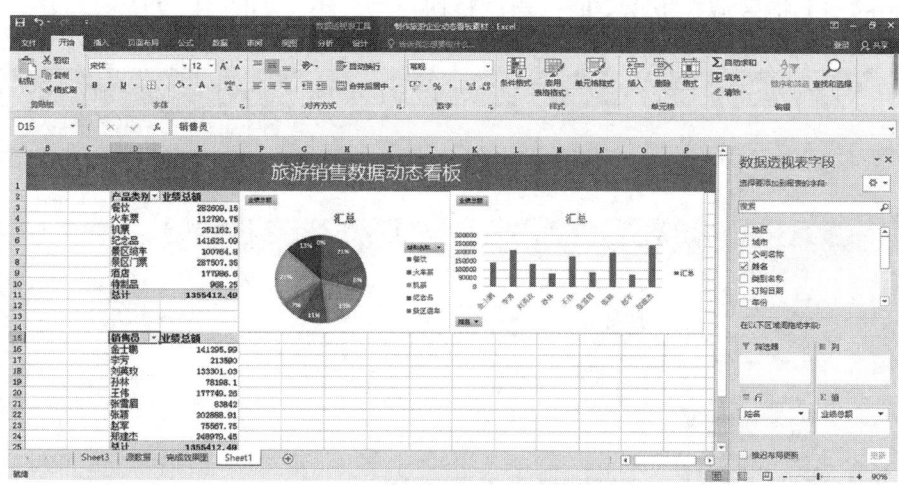

图 10-7 创建"销售员"数据透视图

3. 创建"年份"数据透视图

根据"年份"数据透视表创建类型为"簇状条形图"的数据透视图，放到合适的位置，如图 10-8 所示。

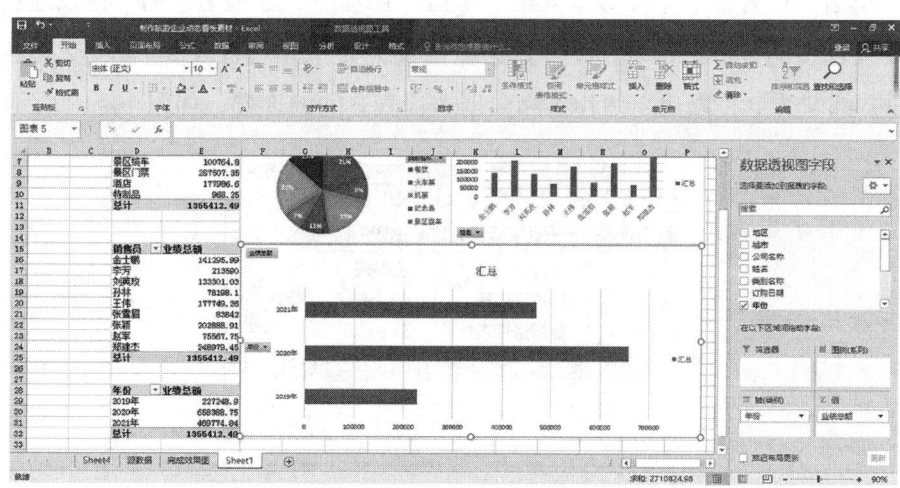

图 10-8 创建"年份"数据透视图

步骤四：创建切片器

单击"产品类别"数据透视表中任意单元格，点击"数据透视表工具→分析→插入切片器"，字段选择"城市"，点击"确认"后将切片器拖动到 A2 开始的单元格区域，根据空间适当调整切片器大小，如图 10-9 所示。

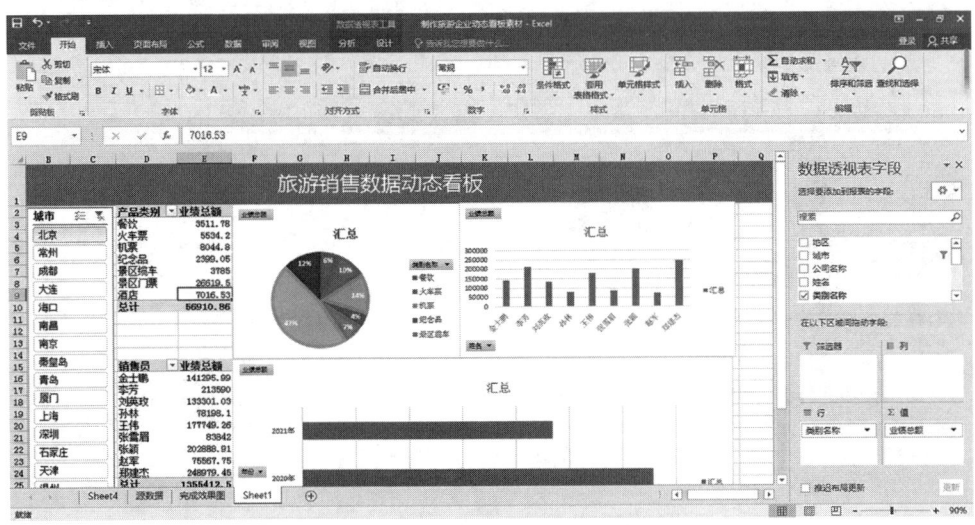

图 10-9　创建"城市"切片器

步骤五：连接数据透视表

单击"切片器"中任意单元格→单击"切片器"选项卡中的"报表连接"，选择要连接的数据透视表，将"数据透视表1""数据透视表2"和"数据透视表3"都勾选上，以建立切片器和数据透视表之间的连接，如图 10-10 所示。

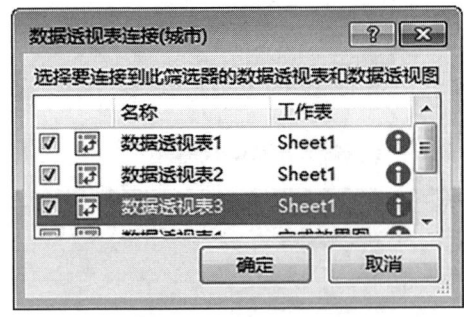

图 10-10　连接数据透视表

实训 10 制作景点数据"动态看板"

在切片器中,随意选择不同城市,就会展示对应城市的动态数据。如我们选择"成都",展板内容如图 10-11 所示。

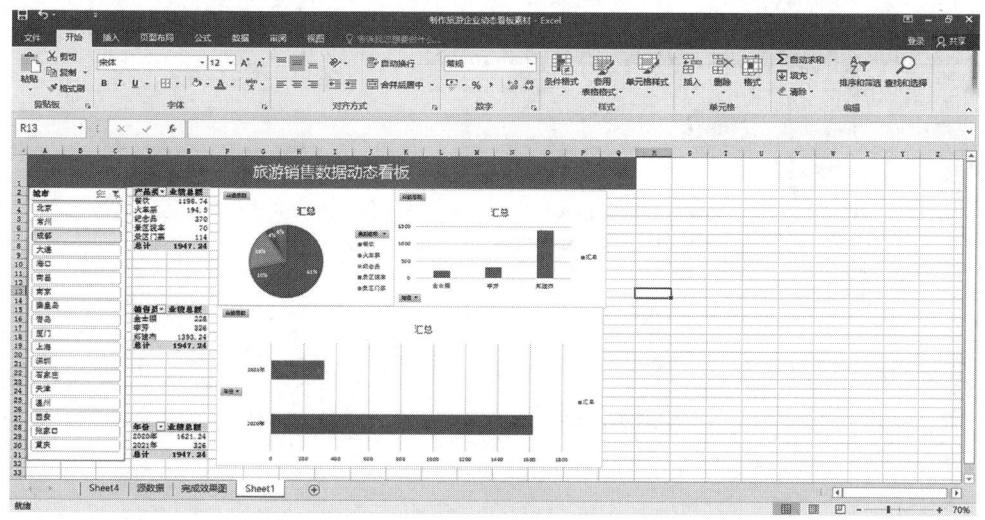

图 10-11 动态展示

步骤六:整体美化

1. 设置切片器样式

选择切片器→"切片器工具"栏→"选项"工具栏→切片器样式→选择合适的样式。

2. 设置数据透视表样式

选择数据透视表→"数据透视表工具"栏→"设计"工具栏→数据透视表样式→选择合适的样式。

3. 设置数据透视图样式

选择数据透视图→"数据透视图工具"栏→"设计"工具栏→图表样式→样式 1→"格式"工具栏→形状样式→选择合适的样式。

最终完成效果如图 10-12 所示。

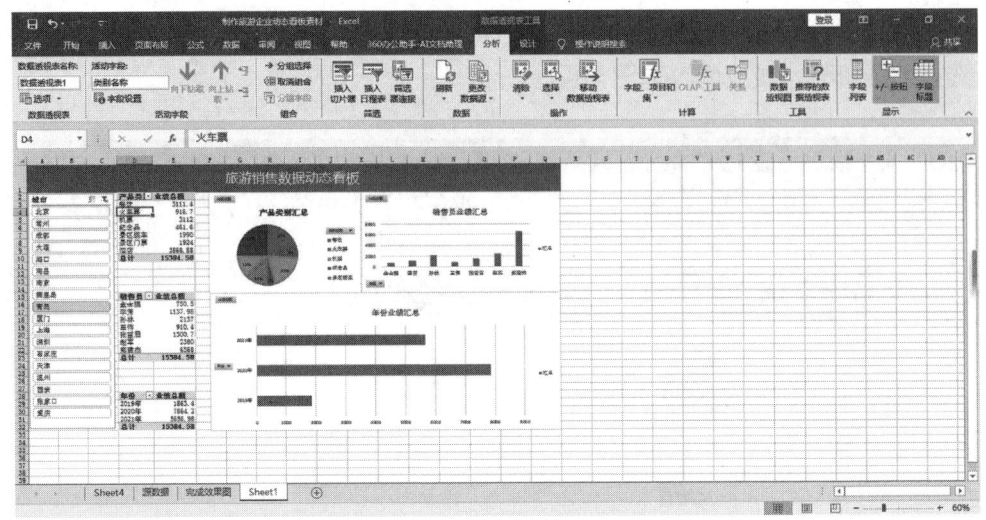

图 10-12 动态展板完成效果图

[实训总结]

　　动态看板图表可视化的主要目的是提高数据的可理解性，吸引读者的注意力，揭示数据趋势和模式，支持多维度数据分析，提升决策效率，发现潜在机会点，并最终帮助企业做出更明智的决策。通过本次实训，学生学会了在 Excel 中利用收集的数据制作动态看板的方法，掌握了数据收集、处理和分析的基本技能。同时，实训过程还能够培养学生分析问题和解决问题的能力，为未来从事相关工作打下坚实的基础。

[实训评价]

　　请根据本实训的完成情况进行评价并填写实训评价表 10。

表 10　实训评价表

实训环节	评价指标	分值	自评	师评
实训准备	Excel 数据处理的基本能力	10		
	理解动态看板图表中数据之间的关联性	10		

实训 10　制作景点数据"动态看板"

续表

实训环节	评价指标	分值	自评	师评
实训步骤	制作"动态看板"标题	10		
	制作数据透视表	15		
	创建数据透视图	15		
	创建切片器	15		
	整体美化	15		
实训体会		10		
	评分	100		

实训 11　酒店推荐分析

[实训场景]

随着经济的高质量发展，文旅消费不仅能满足消费者的精神文化需求，也能契合消费为导向的经济增长模式，因为文旅产业成了国家支持的重要经济产业。文旅产业中很重要的一个产业是酒店服务业，对消费者来说，酒店的选择直接影响旅游消费体验与感受，因此对酒店数据进行建模，可以分析推荐高品质、性价比高的酒店，提升旅游消费体验过程。本实训应用在酒店推荐分析场景中，应用八爪鱼数据采集工具进行数据采集，使用 Excel 中的函数处理数据重复、数据缺失等问题，结合真实的酒店选择需求进行数据分析，建立推荐模型。

[实训目标]

- 掌握八爪鱼等数据抓取软件的操作与使用。
- 掌握酒店类服务行业的数据指标与酒店分析、推荐的评估指标。
- 掌握基于 Excel 函数的酒店推荐分析模型。

[实训准备]

一、必备知识

1.数据分析的流程

（1）数据采集数据。从多个数据源获取数据。

（2）数据预处理。清洗、转换、合并数据，去除无效或错误数据。

（3）数据存储。将清洗后的数据存储在高效、分布式的存储系统中。

（4）数据分析。应用机器学习算法或统计模型进行深入分析。

（5）数据可视化。将分析结果转化为直观的图表、仪表盘等展示方式。

2. cookie

（1）cookie 是某些网站为了实现用户身份辨别，进行 Session 跟踪，将数据储存在用户本地终端上，该信息由客户端计算机暂时或永久保存。

（2）在八爪鱼中打开网页链接，八爪鱼会将该网页理解为页面样式，在此页面不支持输入用户名密码信息实现登录，如所需数据需要登录才可看到，则需使用八爪鱼内嵌的登陆页面实现登录。通过内嵌页面实现登录实际是八爪鱼获取登录 cookie 信息，将该信息传递给打开的网页中，实现在八爪鱼软件内登录。

3. 数据预处理

数据预处理主要包括数据清洗、数据集成、数据转换和数据消减。数据清洗过程主要是指缺失字段的数据处理、异常数据的处理。数据集成主要是将来自多个数据源的数据，包括但不限于各种结构化数据、半结构化数据、非结构化数据进行集成的处理，对外形成一个完整、标准化的数据集合。数据转换就是将数据进行标准化处理，从而形成一个可以标准化描述的数据集合。数据消减是指将巨大的数据集在保持数据完整性的基础上进行精简处理，保证消减后的数据集能够与原数据集作用相当。

缺失数据处理：主要依据酒店推荐的个性化需求和当前收集数据的实际情况进行处理，缺失数据的处理方式主要有删除相关 数据、利用均值填补缺失值、利用最可能的值填补缺失值。对于数据量够大，部分数据对分析挖掘结果影响较小的情况下，可以删除缺失相关数据；对于不可以忽视任意数据的项目，需补充缺失值，采用计算最可能的值可能用到均值计算、时间序列分析计算、线性回归分析、贝叶斯计算公式或决策树等数据挖掘算法，推断出该字段的最大可能的取值，如图 11-1 所示。

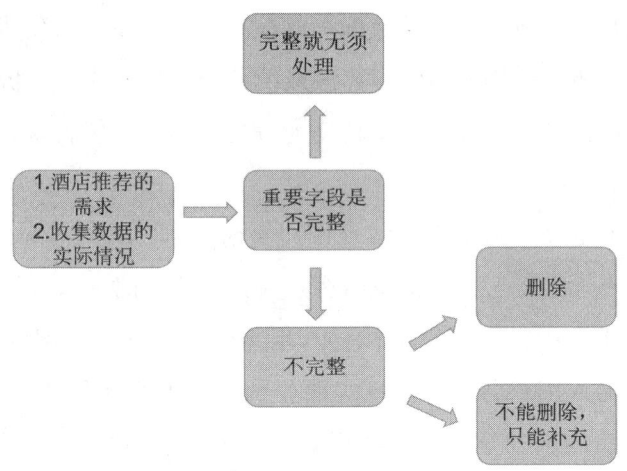

图 11-1 缺失数据处理流程

4. 几个 Excel 函数

（1）FIND 函数：是一个用于查找一个文本字符串在另一个文本字符串中的位置的函数，其基本语法为 FIND(find_text,within_text,start_num)。Find_text 是要查找的关键字，within_text 是包含要查找关键字的字符串，就是说要在这个单元格内查找关键字，start_num 是一个数字，表示从 within_text 的第几个字符开始查找。

（2）MID 函数：是一个用于从文本字符串中提取指定数量的字符的函数，其基本语法为 MID(text, start_num, num_chars)。其中，text 代表要从中提取字符的原始文本字符串，start_num 指定从文本字符串的哪个位置开始提取字符，num_chars 指要提取的字符数量。

（3）LEFT 函数：是一个用于从文本字符串的左侧提取指定数量的字符的函数，其基本语法为 LEFT(text, [num_chars])。其中，text 是要从中提取字符的原始文本字符串。[num_chars] 指定要提取的字符数量。

（4）LARGE 函数：是用于从一组数据中返回第 k 个最大值的函数，其基本语法为 LARGE(array,k)。其中，array 是要从中提取第 k 个最大值的数组或数据范围，k 指定要返回的第 k 个最大值的位置。SMALL 函数，用于从一组数据中返回第 k 个最小值，其基本语法为 SMALL(array,k)。其中，array

是要从中提取第 k 个最小值的数组或数据范围，k 指定要返回的第 k 个最小值的位置。MEDIAN 函数，用于返回一组数字的中位数，其基本语法为 MEDIAN(number1, [number2], ...)。其中，number1：必需，要计算中位数的第一个数字或范围，number2：可选，最多可以指定 255 个数字或范围。

二、环境要求

WPS office 2010 以上版本。

三、素材数据

本实训操作素材数据为"某平台全部酒店数据素材.xlsx"，如图 11-2 所示。

图 11-2　酒店数据素材

操作视频11：
酒店推荐分析

[实训步骤]

步骤一：采集数据

1. 配置数据源

安装八爪鱼软件，完成登录。打开目标网页的链接，将页面链接粘贴到八爪鱼软件的源数据地址栏，在软件中打开网页链接，如图 11-3 所示。

图 11-3　配置数据源

2. 登录网站

如果页面已经存在所需数据，不需要登录，否则需要登录目标网页的用户，通过右上角的网站登录，如图 11-4 所示。

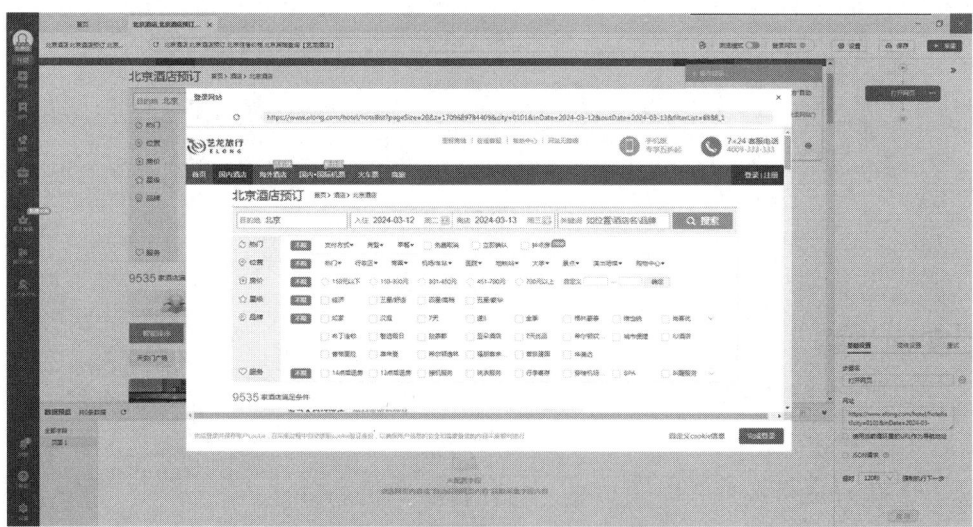

图 11-4　在数据采集页面登录

3. 识别网页内容

登录完成后，右下角点击自定义 cookie，获取当前 cookie 信息，点击"确定"，完成登录。登录后点击自动识别网页内容，如图 11-5、图 11-6 所示。

图 11-5　获取当前 cookie 信息

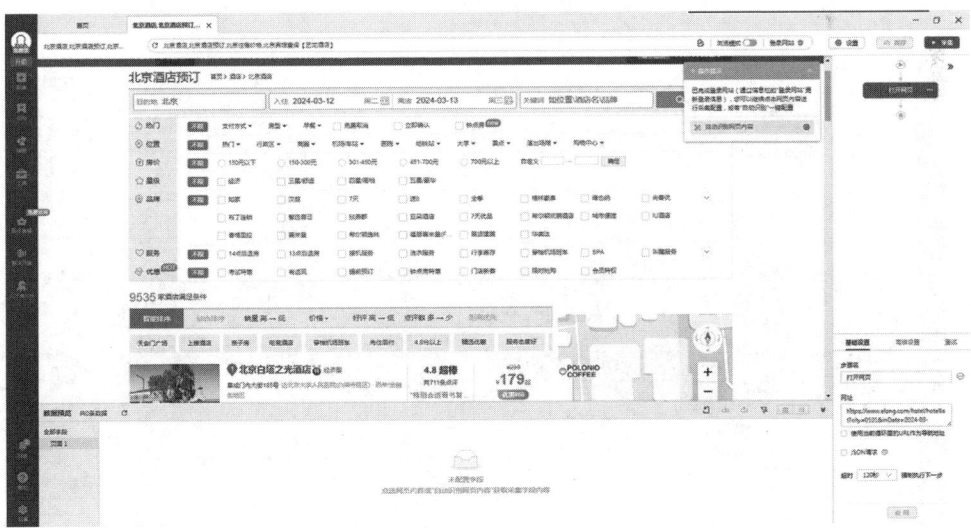

图 11-6　开始识别网页内容

4. 设置数据采集

（1）页面右上角会显示数据抓取设置。中间浅灰色为现有抓取到的数据，数据预览以列表形式显示，如图11-7所示。

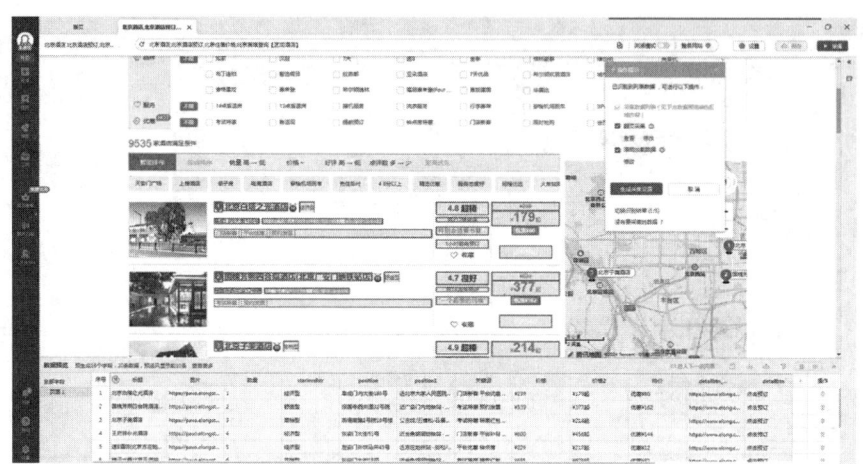

图11-7 获取网页数据

（2）通过点击"下一页"图标设置为翻页方式，以此进行页面循环获取跨页面数据，如图11-8、图11-9所示。

图11-8 采集数据设置

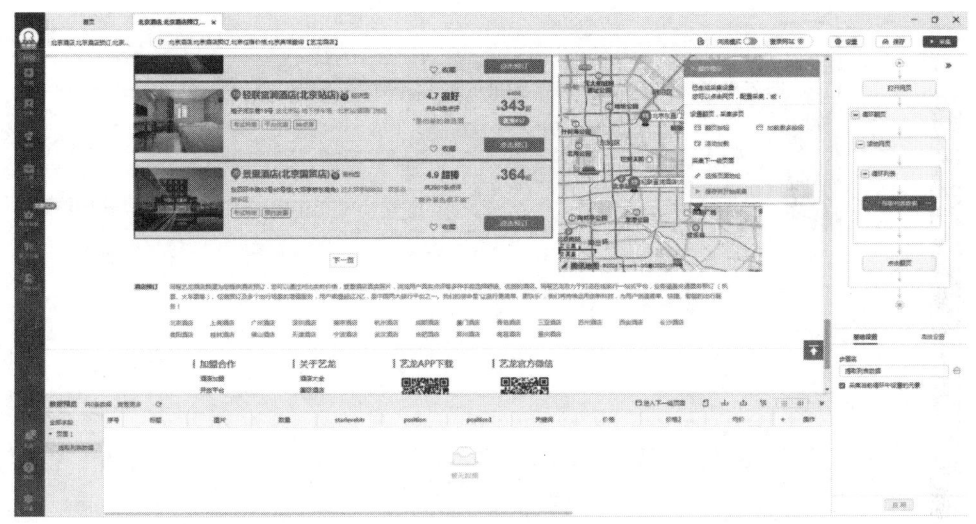

图 11-9　完成采集数据设置

（3）点击生成采集设置。

5. 数据采集与生成

点击保存并开始采集。选用本地采集→普通模式，如图 11-10 所示。开始采集，如图 11-11 所示。

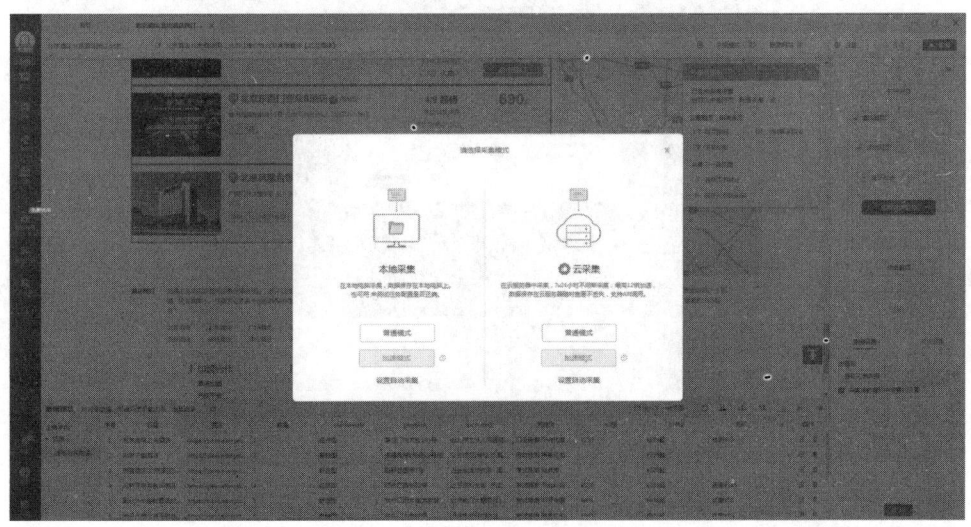

图 11-10　设置本地采集

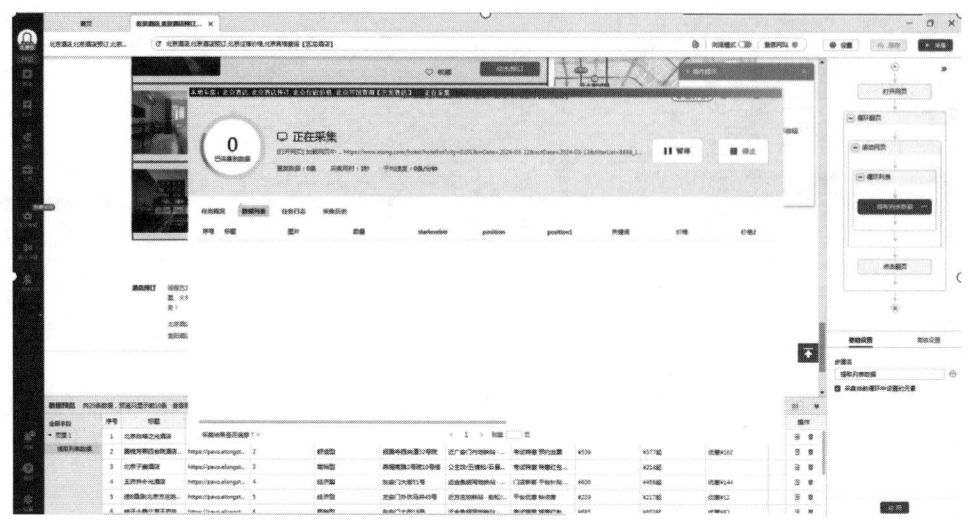

图 11-11 开始采集数据

生成数据后停止采集,弹出下列页面后,执行导出数据操作。如果八爪鱼识别到重复数据,一定导出除重后的数据,如图 11-12 所示。

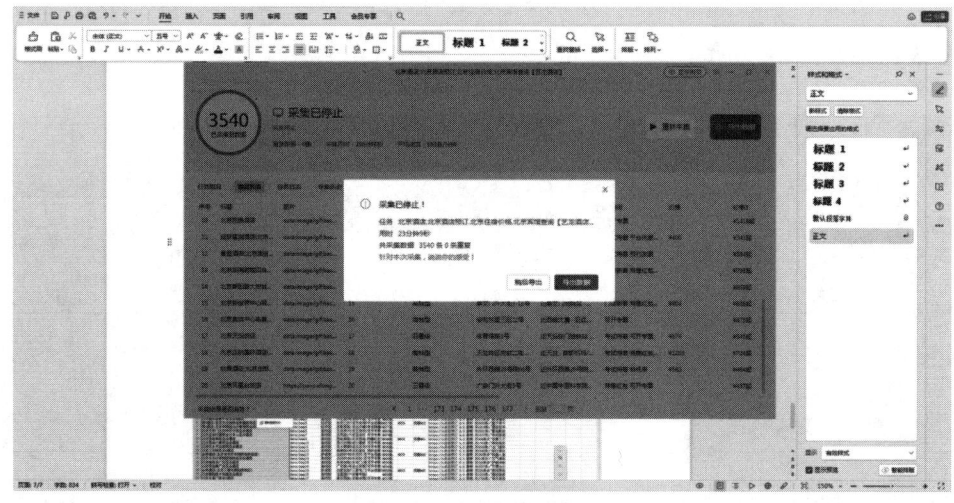

图 11-12 除重数据

步骤二:预处理数据

由于数据的个性化问题和抓取工具的不稳定等问题,采集的数据不是完美的,不能直接进行分析,往往需要进行预处理。

1. 数据消减处理

查看八爪鱼抓取的数据，出现部分重复数据，进行除重处理。打开导出生成的酒店数据列表，一共845条酒店数据，在工具栏中选择"数据"→"重复项"→"删除重复项(D)"，删除192行重复的酒店数据，剩余653行酒店数据，如图11-13、图11-14所示。

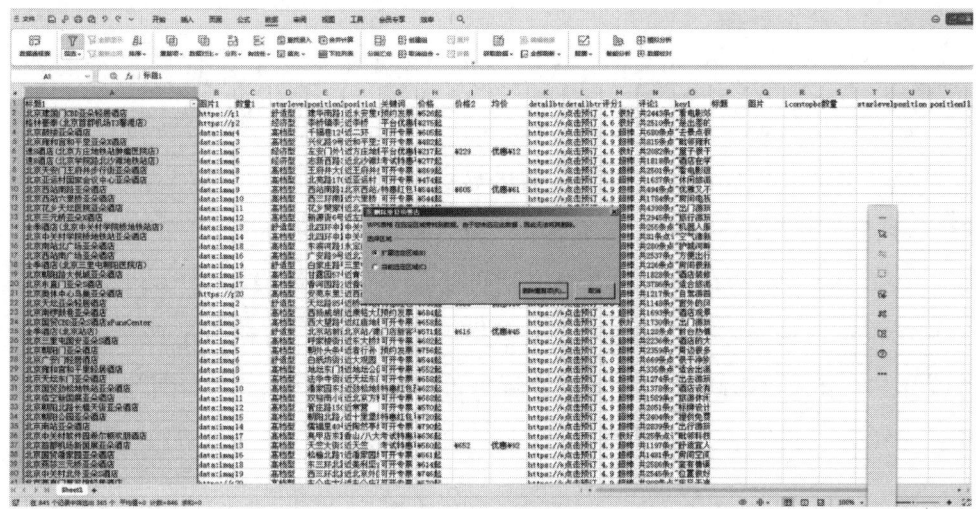

图 11-13　数据筛选

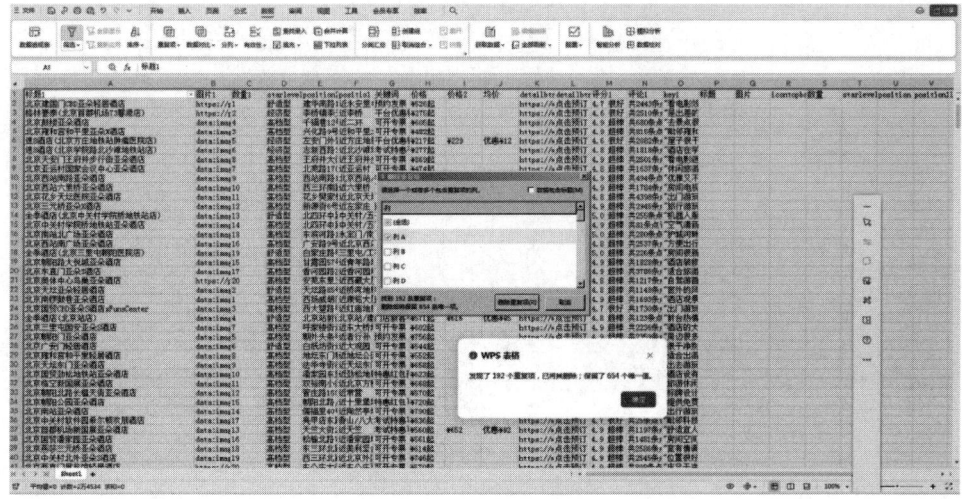

图 11-14　删除重复数据

注意事项

（1）在弹出的"删除重复项警告"弹窗里面，选择"扩展选定区域(E)"。

（2）Excel 在提示删除时，若全部列选中后删除，则删除无效，这是因为选中全部数据列，酒店名字列虽然重复，但是其他数据列有可能不相同，所以除重无法删除重复数据，因此，只勾选中酒店名称这一列可以删除重复数据。

2. 缺失数据处理

（1）检查 Excel 表是否存在数据缺失，主要关注重点数据字段的缺失问题。对于酒店的推荐选择，酒店名称、酒店级别、评价、价格、地理位置、靠近的核心商圈、代表性评价、评价数量等字段较为重要。因为 653 个酒店数据样本量已经足够，对于缺失上述字段的酒店数据可以进行简单的删除处理。

（2）在 Excel 中，要想查看每一列重要数据是否存在缺失值，可通过对每一列增加筛选功能实现。通过对已有数据的筛选，我们得到：开票服务为空的酒店有 31 家，价格缺失的有 1 家。删除价格缺失的酒店 1 家，则剩余的酒店数为 652 家，如图 11-15 所示。

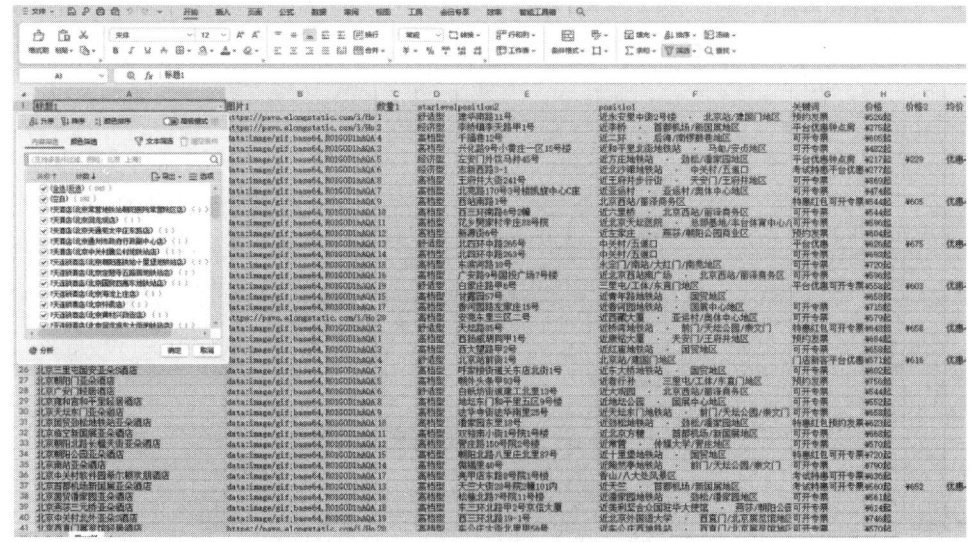

图 11-15　缺失数据处理

3. 清洗异常数据

（1）算法思路。由于爬虫只能将原始数据按照原格式获取，数据会保留原始结构，为此需对数据进行处理。举一个本数据集的案例，提取某酒店靠近核心商圈字段为"近永安里中街2号楼·北京站/建国门地区"，其中夹杂特殊字符"·""/"和空格，其本意为"靠近永安里中街2号楼、北京站和建国门地区"，且所有酒店该字段都出现这样的情况，需处理后方可进行数据分析。

分析所有酒店靠近核心商圈字段，该字段结构为"B/C""A·B/C""A｜B/C"3种模型，且大多数为"A·B/C"结构，其中"A"为详细地标，"B/C"分别为靠近的热门核心地标，分别对详细地标A、靠近核心商圈"B/C"进行函数解析。对于"B/C"，"A｜B/C"热门商圈字段结构，需使用其他函数进行单独处理。将所有字段字符串统一为"A""B/C"，最后将"A""B/C"分别列到两个单元格中，如图11-6所示。

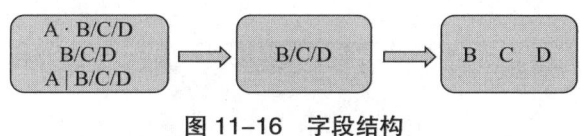

图 11-16　字段结构

（2）LEFT 函数计算。酒店列表第2行酒店数据。酒店详细地标字段在F列，"·"和"F2"作为FIND函数的参数，FIND函数返回的数值、"F2"作为LEFT函数的参数，则酒店详细地标字段的综合函数为：

=LEFT(F2,FIND("·",F2)–1)

（3）MID 函数计算。取本案例酒店列表第2行酒店数据。酒店临近热门商圈字段在F列，"·"和"F2"作为FIND函数的参数，FIND函数返回的数值、"F2"和"99"作为MID函数的参数，则酒店临近热门商圈字段的综合函数为：

=MID(F2,FIND("·",F2)+1,99)

（4）数据结构处理。使用函数提取酒店临近热门商圈后，652家酒店中有568家酒店函数返回值正常，84家酒店函数返回值为#VALUE!，其中，70家因酒店热门商圈字段格式中没有"·"，函数解析错误，无法识别，其本身就是符合格式要求的数据，直接使用即可；14家酒店的字符串为"|"，对这14家酒店使用 MID(F2,FIND("|",F2)+1,99)。函数单独处理全部处理完毕，汇总后的统一的数据结构为 B/C。

全部酒店的热门商圈字段汇总为 B/C 结构，需进一步提取。将 B/C 拆分到各个单元格，使用数据选项卡中的分列功能。在 step1 中选用分割符号分割。在上面步骤中，备选项里面没有"/"，选择"其他"字符，自定义添加"/"。分割完成后，将数据字段设置为文本，如图 11-17、图 11-18 所示。

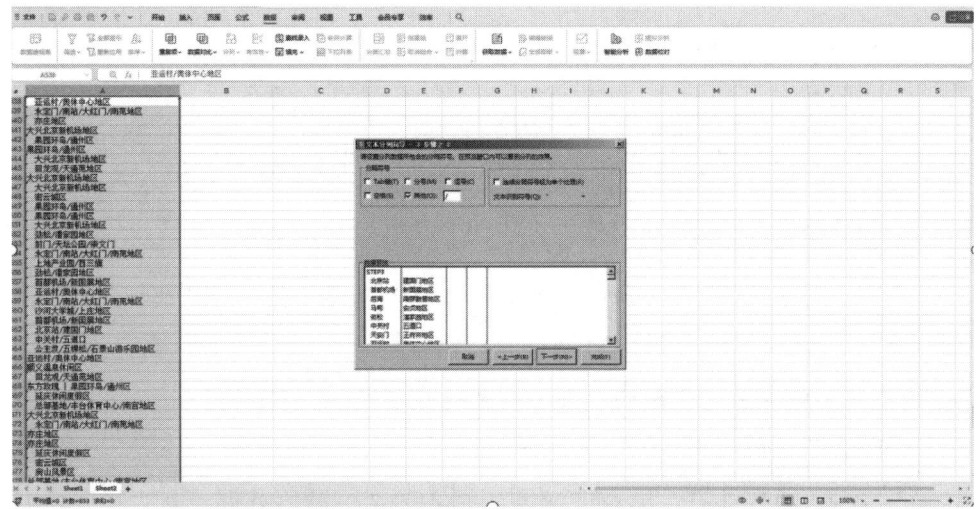

图 11-17　使用"/"进行分割数据

实训 11　酒店推荐分析

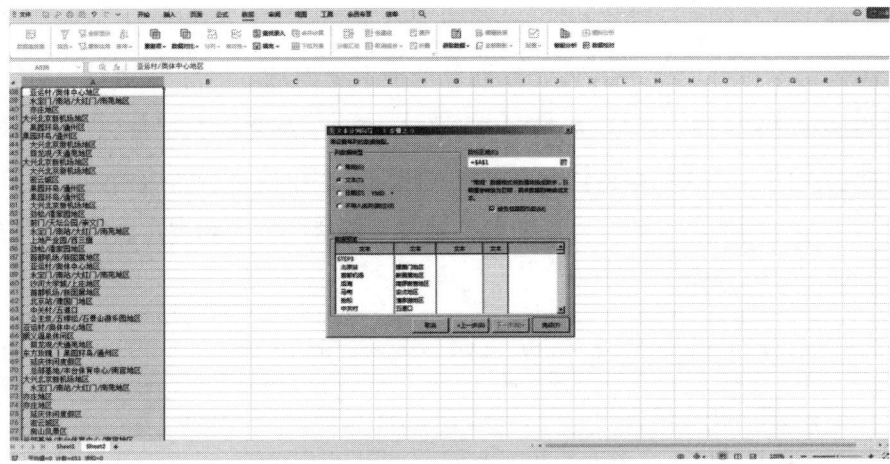

图 11-18　设置为文本类型

采集的价格字段形式为"数值 + '起'"，为了统计方便，需只保留数值，删除中文。使用替换功能，将"起"字替换为空格即可。同时将价格字段设置为"常规"，去掉人民币符号，如图 11-19 所示。

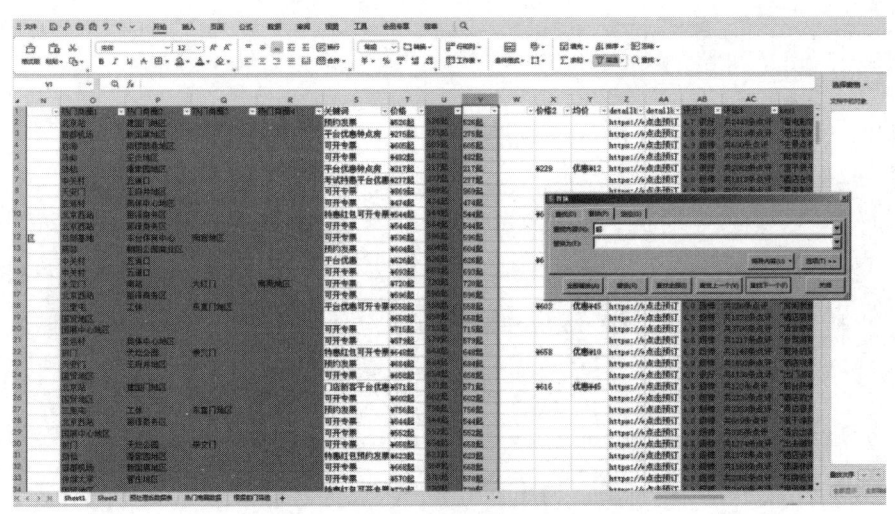

图 11-19　对特殊字段进行处理

步骤三：分析酒店数据

酒店分析主要是从管理者角度去分析酒店的总体情况，酒店推荐则是从消费者角度去推荐选择酒店产品。

1. 酒店热门商圈统计模型

将全部酒店热门商圈通过"数据"选项卡里面的"删除重复项"功能除重,得到全部热门商圈字段。本案例删除了 575 个重复项,剩余 77 个就是北京的热门商圈。管理者在经营中可以根据热门商圈字段进行酒店调整。消费者在信息不对称的情况下可以根据数据挖掘与分析得到的商圈进行酒店选择与推荐,如图 11-20 所示。

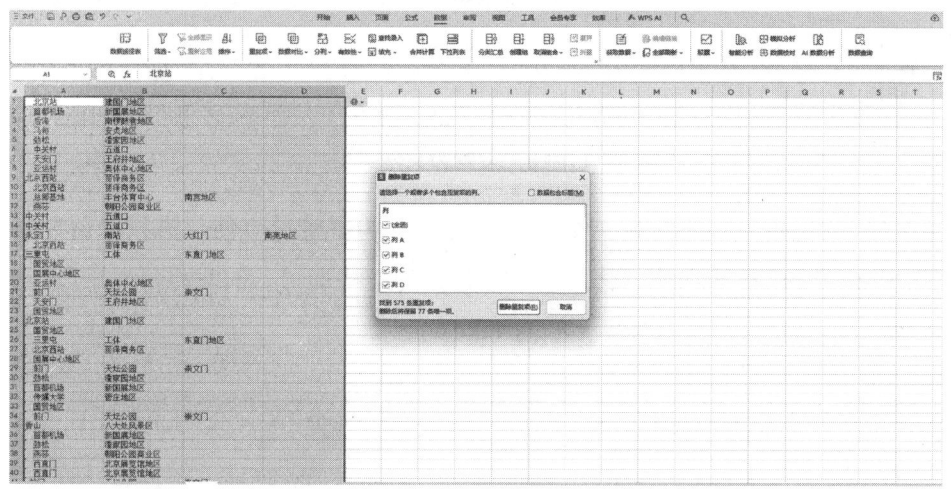

图 11-20 对包含"/"的字段进行处理

注意事项

在使用除重功能时,有的字段为"空格 + 热门商圈字段 A",有的直接为"热门商圈字段 A",该功能会将实际为同一热门商圈的两个字段判别不一致,在使用除重功能前需将字段的空格去除。

2. 酒店价格统计模型

(1)酒店价格指标计算。3 月上旬某一天,经过 AVERAGE 函数计算,北京酒店起步房价的均值为 389 元。经过 MIDIAN 函数计算,北京酒店起步房价的中位数为 357 元,说明北京高端酒店的价格很高,把平均价格抬高不少。使用 LARGE 函数和 SMALL 函数计算最高房价和最低房价,分别为 2092 元、99 元。

（2）酒店价格分层统计。

①使用透视图功能分层统计不同价格区间的酒店分布。选择"插入"选项卡中的"数据透视图"功能，选中酒店名称列和需要统计的数据列，如图11-21所示。

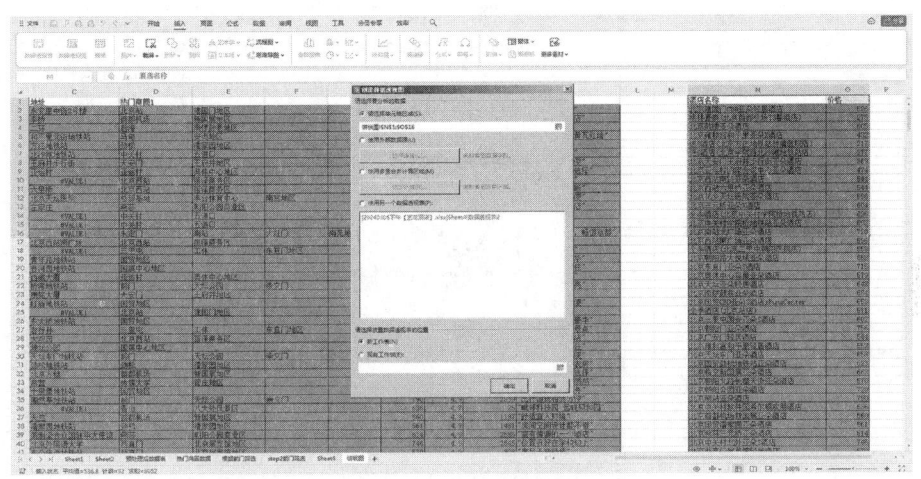

图11-21　设置透视图

②在打开的透视图页面将轴字段（类别）设置为待统计的字段，值字段设置为计数，默认为不同价格单独统计，如图11-22所示。

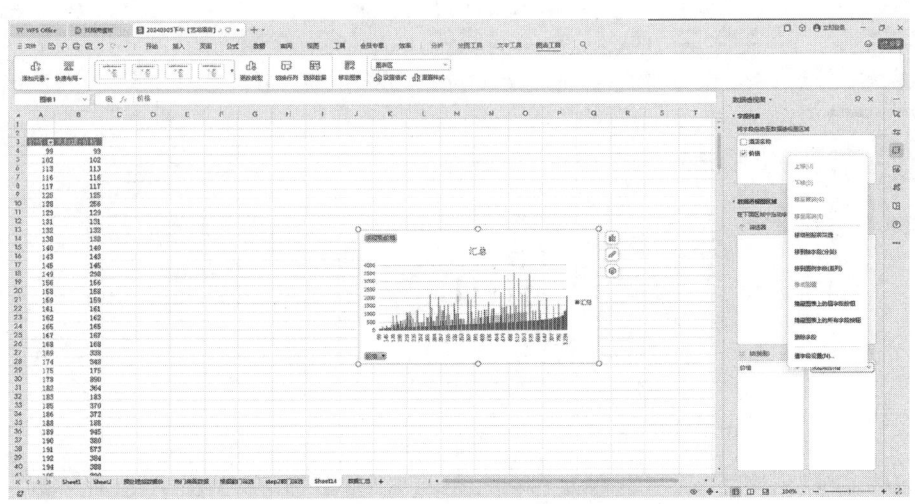

图11-22　酒店价格分层透视图

③根据需求实现分层统计。以 100 元为区间单位进行统计，在轴字段任意一个单元格右键选择"组合"，在弹出的对话框中键入步长数值即可，如图 11-23 所示。

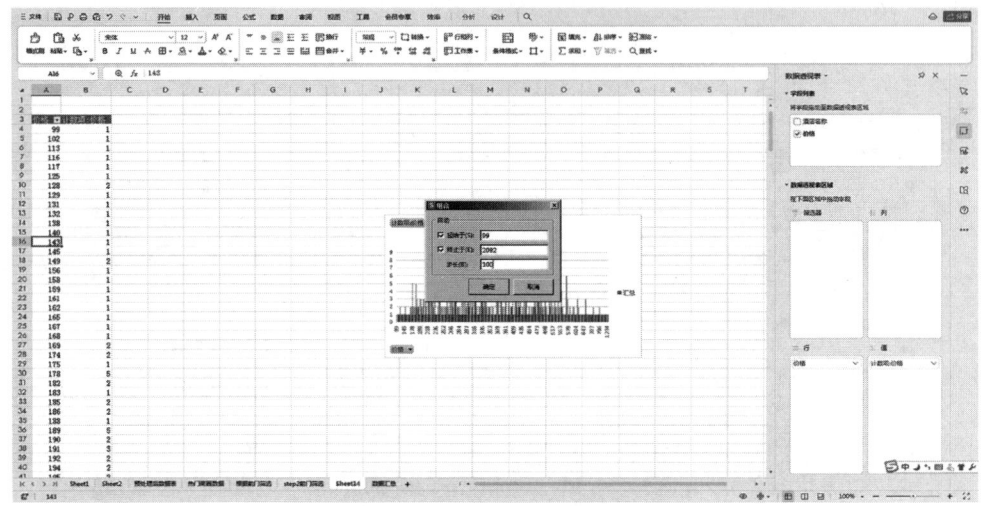

图 11-23　酒店价格分层优化设置

结果分析，大部分酒店房价处于 200—600 元之间，高价酒店也不少，如图 11-24 所示。

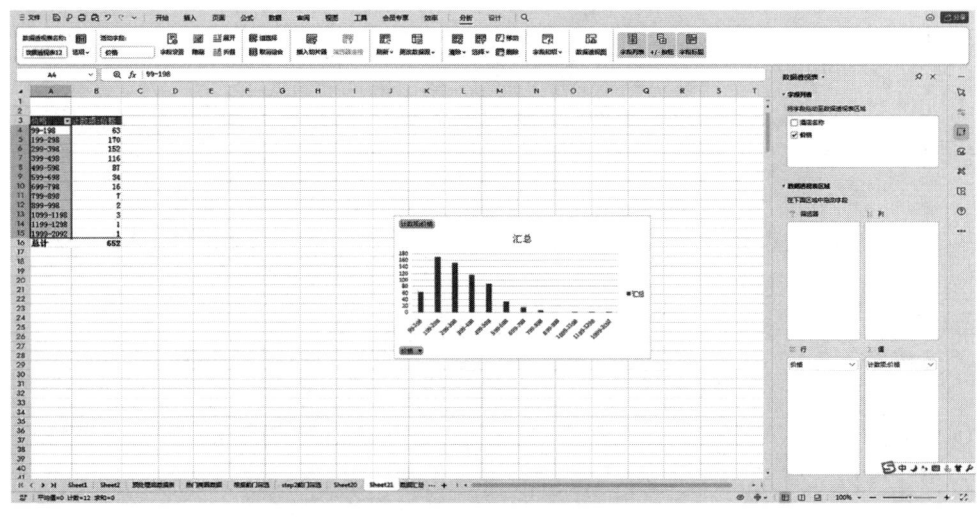

图 11-24　酒店价格分层优化后的透视图

（3）酒店推荐模型。消费者可以根据统计的北京热门商圈进行选择。以热门商圈"前门"为例，根据该字段一共筛选出 31 家酒店。

酒店推荐选择的维度主要有价格、评分、评价数、酒店级别。酒店品质与价格、评分呈现正相关，与评价数呈现负相关。

分析结果显示：31 家酒店价格的平均值为 431 元，中位数酒店价格为 396 元，说明中等品质酒店价格在 400 元左右。评分大多分布在 4.11—5.0，该评分区间的酒店属于平均水平，普通消费者可以选择接受该评分区间且评价数较少的酒店，如图 11-25、图 11-26 所示。

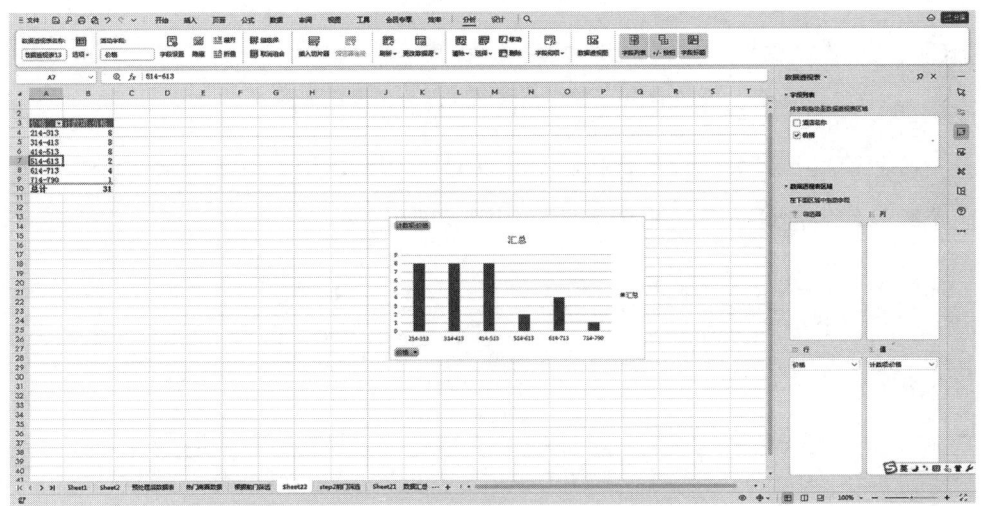

图 11-25　前门商圈酒店价格分层透视图

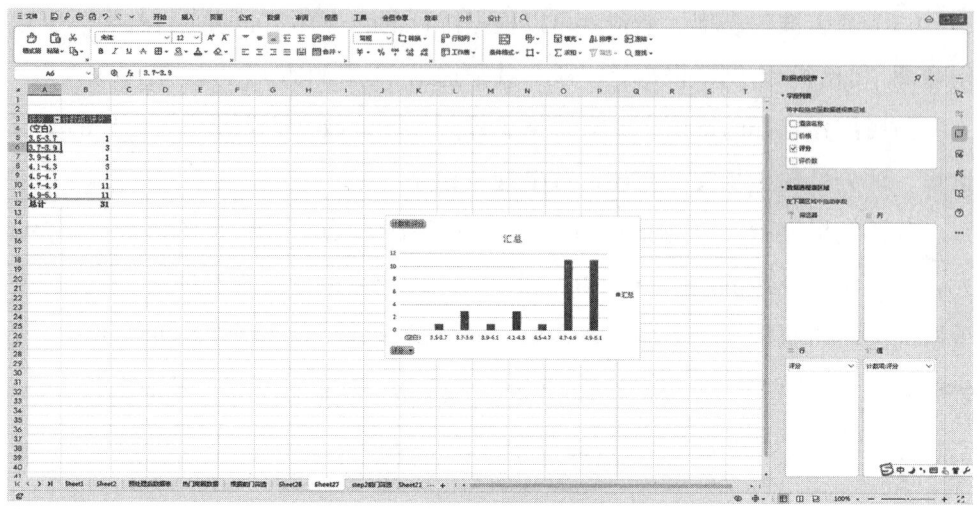

图 11-26　前门商圈酒店评分分层透视图

按照价格、评分、评价数进行分层统计，结果如图 11-27 所示。再结合酒店星级、代表性评价筛选出个人偏好的酒店即可。

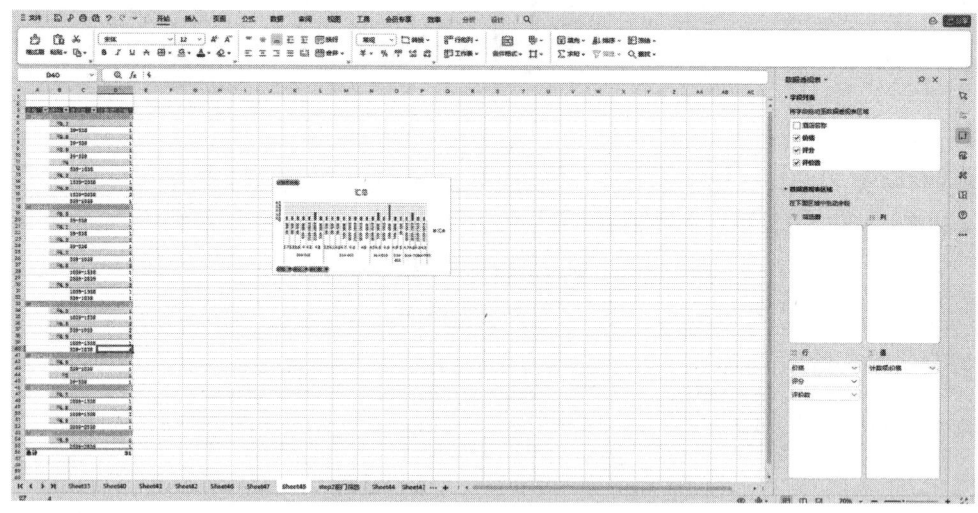

图 11-27　综合价格、评分、评价数的透视图

（4）新开业酒店模型。在做缺失数据处理筛选重要字段过程中，发现全季酒店（北京沙河巩华城店）的代表性评价标签为空，而且评价数只有 3 条，评分为 5.0，价格也只有 341 元。这种酒店特征是评价数极少、评分极高、价格

实训 11 酒店推荐分析

优惠，说明这是一家全新开业的酒店，这种酒店一般是"新开业、服务好、非常干净、价格合理"的，如果地理位置可以接受，一定是优选酒店。

[实训总结]

通过本次酒店推荐分析实训，学生可以全面掌握数据分析流程中的关键步骤，并将这些技能应用到实际的酒店服务行业数据分析中。在采集数据阶段，使用八爪鱼等数据采集工具。这些工具具有强大的网页数据抓取功能，能够高效地收集互联网上的酒店相关信息。通过实际操作，训练了设置采集任务、配置抓取规则以及处理反爬虫机制等技巧，最终成功地采集到包括酒店价格、评价、设施等多个维度的数据，为后续的分析工作奠定坚实的基础。在数据预处理阶段利用 Excel 软件中的函数库对数据进行清洗和整理。针对数据重复、缺失值、异常值等问题，通过这些操作，确保数据的准确性和完整性，为接下来的分析工作提供可靠的数据支持。在数据分析阶段，结合真实的酒店选择需求，运用统计分析方法对酒店数据进行深入探索。利用 WPS 软件中的数据分析工具，如数据透视表、函数等，分析出酒店价格、评价、位置等因素对消费者选择的影响。进一步建立酒店推荐模型，通过算法对酒店进行评分和排序，从而为消费者提供高品质、性价比高的酒店推荐。

随着文旅产业的不断发展，酒店服务业的竞争也日益激烈。通过本次实训，学生可以深刻认识到数据分析在酒店推荐和消费者体验提升中的重要性。未来，继续深化数据分析技能的学习，探索更多先进的数据分析方法和工具，为酒店服务业的发展提供更加精准和有力的支持。

[实训评价]

请根据本实训的完成情况进行评价并填写实训评价表 11。

表 11　实训评价表

实训环节	评价指标	分值	自评	师评
实训准备	掌握分析数据的思想	10		
	掌握分析数据的流程步骤	10		
实训步骤	使用数据抓取软件采集数据	10		
	对数据进行预处理	10		
	酒店热门商圈统计模型	10		
	酒店价格统计模型	10		
	酒店推荐模型	10		
	新开业酒店模型	10		
实训体会		20		
评分		100		

实训 12　酒店投资运营决策分析

[实训场景]

　　文旅产业融合了文化与旅游，对经济发展具有显著推动作用。它不仅能够直接创造经济效益，还能带动交通、餐饮、住宿等相关产业链的发展。文旅产业有助于传承和弘扬民族文化，增强国民的文化自信，同时它也是国家软实力的重要体现，能够提升国际形象，促进国际文化交流。此外，文旅产业的发展还能促进区域均衡发展，推动乡村振兴，为社会提供更多就业机会。酒店业是文旅行业发展的重要载体，酒店投资运营决策分析的科学性有利于文旅行业的高质量发展。本实训应用在酒店投资运营决策分析场景中，数据的采集与数据的预处理详见实训"酒店推荐分析"，使用 Excel 中函数库结合财务知识建立酒店投资运营决策分析的模型。

[实训目标]

- 掌握八爪鱼等数据抓取软件的操作与使用。
- 掌握利用现有数据实现酒店投资运营决策分析过程。
- 掌握基于 Excel 函数实现酒店投资运营决策指标计算。

[实训准备]

一、必备知识

1. 数据分析步骤

（1）数据采集：从多个数据源获取数据。

（2）数据预处理：清洗、转换、合并数据，去除无效或错误数据。

（3）数据存储：将清洗后的数据存储在高效、分布式的存储系统中。

（4）数据分析：应用机器学习算法或统计模型进行深入分析。

（5）数据可视化：将分析结果转化为直观的图表、仪表盘等展示方式。

2. IRR 函数

在 Excel 中计算内部报酬率（IRR）可以使用 IRR 函数。IRR(values, [guess])公式中，values：必需。与投资相关的现金流数组或参考现金流单元格区域。第一个值必须是负数（代表初始投资），后续的值可以是正数或负数（代表现金流入或流出）。guess：可选。对 IRR 的估计值。如果省略，Excel 假设 IRR 为 10%。

3. NPV 函数

在 Excel 中计算净现值（NPV）可以使用 NPV 函数。NPV(rate, value1, [value2], ...)公式中，rate：必需。每期的折现率。value1, value2, ...：必需。与投资相关的现金流数组或参考现金流单元格区域。第一个值通常是负数（代表初始投资），后续的值可以是正数或负数（代表现金流入或流出）。

二、环境要求

WPS Office 2016 以上版本。

三、素材数据

本实训操作素材数据为"某平台全部酒店数据素材.xlsx"（见实训 11 图 11-2 酒店数据素材）。

[实训步骤]

步骤一：数据采集

使用八爪鱼数据抓取软件对网页数据进行采集，详见"酒店推荐分析"实训项目。

步骤二：数据预处理

对数据进行消减处理、缺失值处理、异常数据清洗等方式进行数据预处理。使用 Excel 中的函数进行处理。本章节使用了"实训 11　酒店推荐分析"章节中的数据，数据处理过程详见该章节内容。

步骤三：酒店投资运营决策分析

1. 各类型酒店数量/房间价格分析

（1）各类型酒店数量。分析酒店数据集，从酒店类别上一般分为豪华型、高档型、舒适型、经济型 4 类酒店。选中酒店类型列，插入数据透视表。"行"选择酒店类型，"值"选择酒店类型计数。结果如图 12-1 所示。

操作视频12-1：
各类型酒店数量
分析

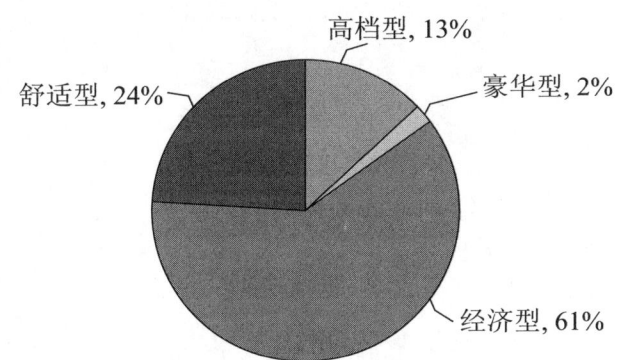

图 12-1　各类型酒店数量分布

从酒店投资运营决策分析角度分析得出如下结论。

①酒店类型分布。经济型酒店数量最多，共有 401 家，这表明经济型酒店在市场上占据主导地位，可能是由于其较低的价格吸引了大量预算有限的消费者。舒适型酒店有 156 家，数量位居第二。高档型酒店有 82 家，数量相对较少。豪华型酒店数量最少，只有 13 家，这表明豪华型酒店可能是针对高端市场，数量少可能是因为其高昂的建设和运营成本。从数据来看，经济型和舒适型酒店占据了市场的大部分份额，这可能意味着市场上有大量的中低端消费者。高档型和豪华型酒店数量较少，可能表明这部分市场较为小众，或者竞争更为激烈。

②投资运营潜在市场机会。考虑到经济型酒店的高数量，可能存在市场饱

和的情况，新进入者可能需要寻找差异化的策略或者提供额外的服务来吸引顾客。舒适型酒店的市场需求较大，可能存在进一步扩展的机会，尤其是在提高服务质量和客户体验方面。对于高档型和豪华型酒店，可能需要更多的市场调研来确定目标客户群体的具体需求，并提供相应的服务和设施。

（2）各类型酒店价格分析。选中酒店类所属类型和酒店房价，插入数据透视表。"行"选择酒店类型字段，"值"选择酒店类型字段计数，选择价格求和，通过 AVERAGE 函数进行各个类型的平均房价的计算。根据房价的均值进行分析。结果如图 12-2 所示。

操作视频12-2：各类型酒店价格分析

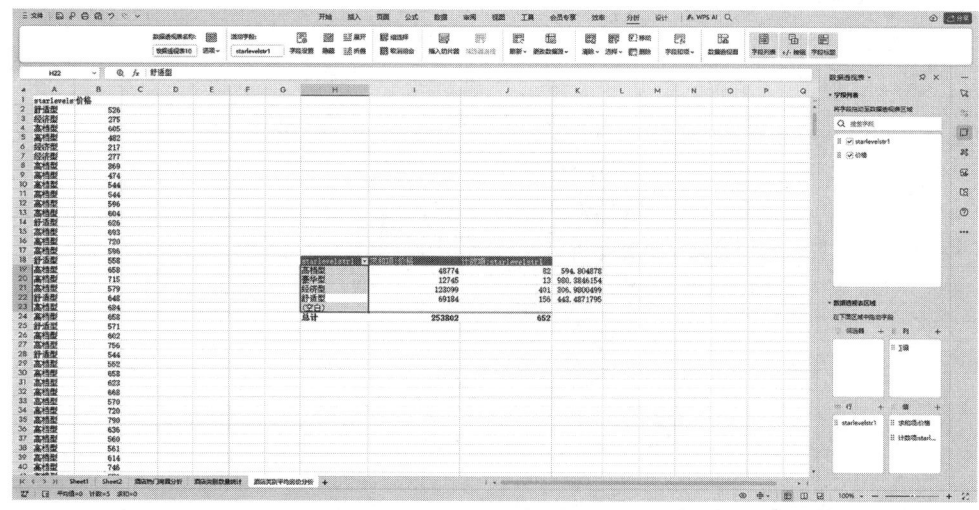

图 12-2　各类型酒店房价均值

豪华型酒店平均价格为 980 元，高档型酒店为 594 元，舒适型为 443 元，经济型为 306 元。这些价格反映了不同市场细分的需求和支付能力。豪华型和高档型酒店通常针对高端市场，而舒适型和经济型则更多地服务于中低端市场。房间价格对选择运营的酒店类型至关重要。

2. 各商圈酒店数量/房价分析

（1）酒店数量分析。分析652个酒店，统计热门商圈数量。通过Excel的"数据→重复项→删除重复项"，删除了575个重复项，统计北京的热门商圈一共是77个。由于部分热门商圈距离较近，某平台将热门商圈进行组合，统计得到北京的热门商圈组合一共有43个。选中酒店所属商圈，插入数据透视表。"行"选择酒店所属商圈，"值"选择酒店所属商圈计数，该商圈所有酒店价格总值求和。结果如图12-3所示。

操作视频12-3：各商圈酒店数量分析

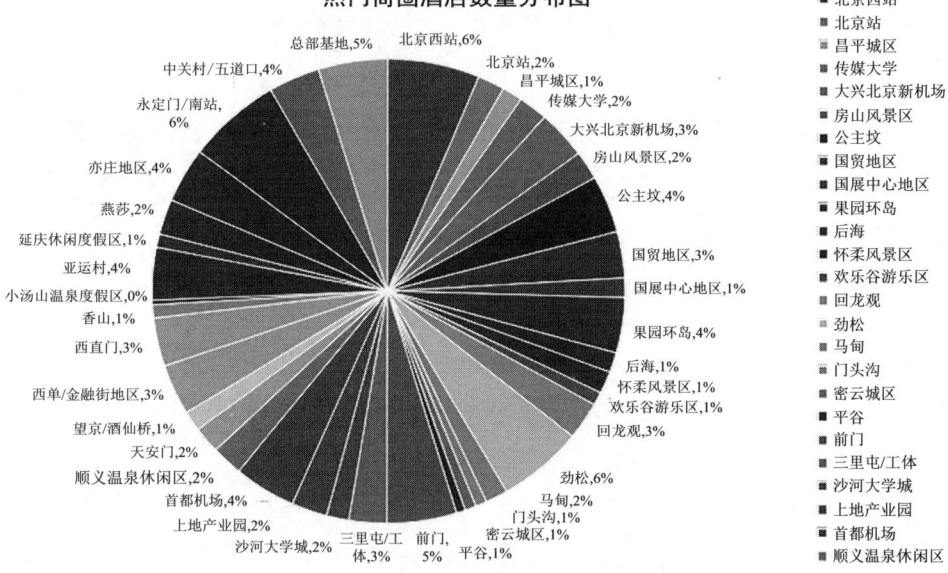

图12-3 北京热门商圈酒店数量分布

①现有酒店数据分析。永定门/南站/大红门/南苑地区：有42家酒店，是所有商圈中数量最多的，显示出该区域的住宿需求较高。劲松/潘家园地区：有38家酒店，说明该地区也有较强的市场需求。前门/天坛公园/崇文门地区：有31家酒店，表明该区域吸引了大量游客。国贸地区和西单/金融街地区：分别有21家和23家酒店，作为商业中心，这些区域的酒店数量较多，满足了商务旅客的需求。昌平城区/十三陵度假区和怀柔风景区：分别只有9家

和 10 家酒店，显示出这些区域的酒店市场相对较小，可能与旅游季节性相关。低酒店数量商圈：果园环岛/通州区、回龙观/天通苑地区和亦庄地区等商圈仅有 1 家酒店，显示出这些区域的酒店市场尚未开发或需求较低。

②酒店投资运营决策分析建议。重点投资区域：永定门/南站/大红门/南苑地区和劲松/潘家园地区，由于酒店数量较多，表明市场需求旺盛，适合进行酒店投资。国贸地区和西单/金融街地区作为高端商务区域，适合投资高档酒店，以满足商务人士的需求。市场细分：对于酒店数量较少的区域，如昌平城区/十三陵度假区和怀柔风景区，可以考虑开发具有地方特色的酒店，以吸引特定的旅游人群。提升竞争力：在竞争激烈的区域（如前门/天坛公园/崇文门地区），酒店应通过提升服务质量、增加特色设施和优化客户体验来增强竞争力。

（2）酒店平均房价分析。选中酒店类所属商圈和酒店房价，插入数据透视表。"行"选择商圈字段，"值"选择商圈字段计数，选择价格求和，通过 AVERAGE 函数进行各个商圈的平均房价的计算。根据房价的均值进行分析。结果如图 12-4 所示。

操作视频12-4：各商圈酒店平均房价分析

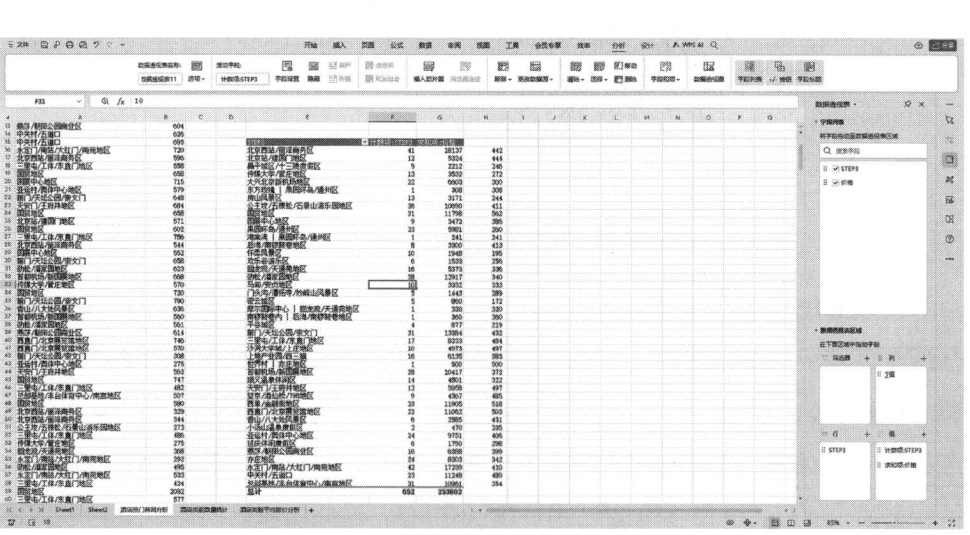

图 12-4　北京各商圈酒店平均房价

从酒店投资运营决策分析角度得出如下结论。

①平均价格分布。酒店平均价格最高的商圈是国贸地区，平均价格为562元。紧随其后的是西单/金融街地区，平均价格为518元。这与这些区域的商业活动频繁、高端客户群体集中有关。前门/天坛公园/崇文门地区和天安门/王府井地区也相对较高，分别为432元和497元。价格最低的商圈是密云城区，平均价格仅为172元。其他价格较低的商圈包括昌平城区/十三陵度假区（246元）、怀柔风景区（195元）和房山风景区（244元），可能与这些区域的淡旺季差异和游客预算有关。

②酒店数量与价格。酒店数量较多的商圈，如劲松/潘家园地区（38家）和永定门/南站/大红门/南苑地区（42家），平均价格分别为340元和410元，显示出在这些区域，酒店竞争较为激烈，价格相对中等。酒店数量较少的商圈，如果园环岛/通州区（1家）和亦庄地区（1家），由于缺乏竞争，价格可能会较高或较低，这取决于其他因素，如地理位置和客户需求。投资者应根据商圈特性和目标客户群体进行市场定位。例如，在商业中心区域，可以考虑投资高端或中高端酒店；而在旅游景区，则可以投资具有当地特色的经济型或舒适型酒店。

3.酒店投资运营决策分析

（1）投资预期成本表分析。设置酒店投资运营基本情况数据。客房数量：酒店拥有67间客房，这是酒店收入的主要来源。单价造价：每间客房的造价为15万元，这是计算总投资的关键因素之一。总投资：酒店的总投资为1005万元，这是基于客房数量和单价造价计算得出的，如图12-5所示。

操作视频12-5：投资预期成本表分析

基本假设	单位	占比	基数	敏感性测试		金额
酒店面积			10000m²			4000m²
客房数量	6	间	67	‹ ›	0%	67
单价造价	6	万元/间	15.0	‹ ›	0%	15.0
总投资		万元	1005.0			1005.0
Wacc折现率	6	%	10%	‹ ›	0%	10%
摊销年限	7	年	8	‹ ›	0	8
年折旧金额		万元/年				125.6
企业所得税	16		6%	‹ ›	1%	7%

图 12-5 投资预期成本表

在该数据表中，客房数量和单价造价是建造成本的主要影响因素，客房数量和单价造价相乘计算求得的房屋改造总投资是租楼选址的重要影响因素。摊销年限和折旧影响长期运营价值。摊销年限：酒店资产的摊销年限为 8 年，这是计算年折旧金额的重要参数。年折旧金额：根据摊销年限和总投资，计算得出的年折旧金额为 125.6 万元 / 年。结果如图 12-6 所示。

营业收入		万元	855.9			855.9
ADR平均房价	6	元	500	‹ ›	0%	500
OCC入住率	15	%	70%	‹ ›	0%	70%
RevPAR单房收益		元	350			350
经营天数		天	365			365

图 12-6 运营预期收入表

（2）运营预期收入表分析。

营业收入：是酒店的主要经营成果，是其取得利润的重要保障。

ADR 平均房价：平均房价（Average Daily Rate，ADR）为 500 元。这是酒店每间客房每天的平均房价，是衡量酒店房价水平的重要指标。

操作视频12-6：
运营预期收入表分析

OCC 入住率：入住率（Occupancy Rate，OCC）为 70%。这是酒店房间出

租的百分比，是衡量酒店房间使用效率的关键指标。

RevPAR 单房收益：单房收益（Revenue Per Available Room，RevPAR）为 350 元。RevPAR 是酒店业的核心指标，计算公式为：RevPAR = ADR × OCC。它表示每间可供出租的客房平均每天产生的收入。

经营天数：酒店的经营天数为 365 天，代表酒店全年营业。

在投资运营酒店之前，根据上述数据计算可得酒店一年的总收入为 855.9 万元。该数据反映了酒店每年的现金流情况。

（3）运营预期成本表分析。

营业成本：营业成本占营业收入的 58%，金额为 496.4 万元。这是酒店在提供服务过程中直接发生的成本，包括租金、人工成本、客房易耗品和能耗等。

操作视频12-7：
运营预期成本表
分析

租金：租金占营业成本的 30%，金额为 256.8 万元。这是酒店支付给房东的费用，对于酒店来说是一笔固定的开支。

人工成本：人工成本占营业成本的 12%，金额为 102.7 万元。这是酒店支付给员工的工资和福利费用，是酒店运营中重要的成本之一。

客房易耗品：客房易耗品占营业成本的 8%，金额为 68.5 万元。这是酒店为客房提供的一次性用品和消耗品的成本。

能耗：能耗占营业成本的 8%，金额为 68.5 万元。这是酒店在运营过程中消耗的水、电、气等能源的费用。

这些运营成本都是刚性支出，在运营中需要考虑的运营成本。结果如图 12-7 所示。

营业成本			58%	496.4			58%	496.4
租金	0.0	万元	30%	256.8	‹	›	30%	256.8
人工成本	0.0	万元	12%	102.7	‹	›	12%	102.7
客房易耗品	0.0	万元	8%	68.5	‹	›	8%	68.5
能耗	0.0	万元	8%	68.5	‹	›	8%	68.5

图 12-7　运营预期成本表

（4）运营预期费用表分析。

运营费用：运营费用占营业收入的8%，金额为68.5万元。这包括了酒店日常运营中的各项费用，如营销费、管理费及其他费用。

操作视频12-8：运营预期费用表分析

营销费用：营销费用占营业收入的3%，金额为25.7万元。这是酒店用于市场推广、广告宣传、促销活动等方面的费用。

管理费用：管理费用占营业收入的3%，金额为25.7万元。这是酒店管理层的工资、福利及管理活动产生的费用。

其他（费用）：其他费用占营业收入的2%，金额为17.1万元。这可能包括了除上述费用外的其他杂项费用，如维修费、办公用品费等，如图12-8所示。

运营费用	0.0	万元	8%	68.5			8%	68.5
营销费用	0.0	万元	3%	25.7	◀	▶	3%	25.7
管理费用	0.0	万元	3%	25.7	◀	▶	3%	25.7
其他	0.0	万元	2%	17.1	◀	▶	2%	17.1

图12-8 运营预期费用表

（5）运营预期现金流分析。

初始数据来源于上述投资预期成本表、运营预期收入表、运营预期成本表、运营预期费用表。如果运营时间是10年。初始投资为-1005万元，表示项目开始时的资金投入。

操作视频12-9：运营预期现金流分析

净现金流量：从T+1年到T+10年，每年的净现金流量逐渐增加，从234.4万元增加到T+9年的236.9万元和T+10年的236.9万元。

净现值（NPV）：每年的NPV逐渐增加，从T+1年的213.1万元增加到T+10年的91.3万元。累计净现值从T+1年的-791.9万元增加到T+10年的454.6万元，显示项目整体盈利能力逐渐增强。

动态回收期（PB）：动态回收期在T+7年达到5.84，表示从项目开始到

实训 12　酒店投资运营决策分析

收回投资需要大约 5.84 年的时间。

项目的累计净现值在 T+7 年时达到正值，表明项目开始产生正的现金流，足以覆盖初始投资，累计净现值的持续增加表明项目的盈利能力在增强。动态回收期较短，说明项目的风险相对较低，资金的回收速度较快。正的净现值和较短的回收期表明项目具有较强的投资吸引力，能够为投资者带来超过资本成本的回报，有较强的投资吸引力。结果如图 12-9 所示。

投资测算	建设期					营运期					
	T0	T+1	T+2	T+3	T+4	T+5	T+6	T+7	T+8	T+9	T+10
初始投资	-1005.0										
现金流入											
营业收入		807.5	807.5	807.5	807.5	807.5	847.9	847.9	847.9	847.9	847.9
现金流出											
租金		-256.8	-256.8	-256.8	-256.8	-256.8	-269.6	-269.6	-269.6	-269.6	-269.6
人工成本		-102.7	-102.7	-102.7	-102.7	-102.7	-107.8	-107.8	-107.8	-107.8	-107.8
客房易耗		-68.5	-68.5	-68.5	-68.5	-68.5	-71.9	-71.9	-71.9	-71.9	-71.9
能耗		-68.5	-68.5	-68.5	-68.5	-68.5	-71.9	-71.9	-71.9	-71.9	-71.9
运营费用		-68.5	-68.5	-68.5	-68.5	-68.5	-71.9	-71.9	-71.9	-71.9	-71.9
企业所得税		-17.0	-17.0	-17.0	-17.0	-17.0	-17.8	-17.8	-17.8	-17.8	-17.8
折旧抵税		8.8	8.8	8.8	8.8	8.8	8.8				
净现值											
净现金流量	-1005.0	234.4	234.4	234.4	234.4	234.4	245.7	245.7	245.7	236.9	236.9
净现值	-1005.0	213.1	193.7	176.1	160.1	145.5	138.7	126.1	114.6	100.5	91.3
累计净现值	-1005.0	-791.9	-598.2	-422.1	-262.0	-116.5	22.2	148.2	262.8	363.3	454.6
动态回收期PB	-	-	-	-	-	-	5.84年回ackup				

图 12-9　运营预期现金流分析

（6）酒店投资运营决策分析。IRR 函数用于计算一系列现金流的内部收益率，这些现金流必须以估计的初始投资开始，后跟一系列现金流入和流出。NPV 函数用于计算一系列未来现金流的现值，这些现金流可以是不等额的，但必须以固定的间隔发生。公式计算结果如图 12-10 所示，可视化结果如图 12-11 所示。

结论		
假设运营期为10年		
内部报酬率	IRR	19.65%
净现值	NPV	454.6
回收期	Payback	5.84年

图 12-10　投资回报结论分析

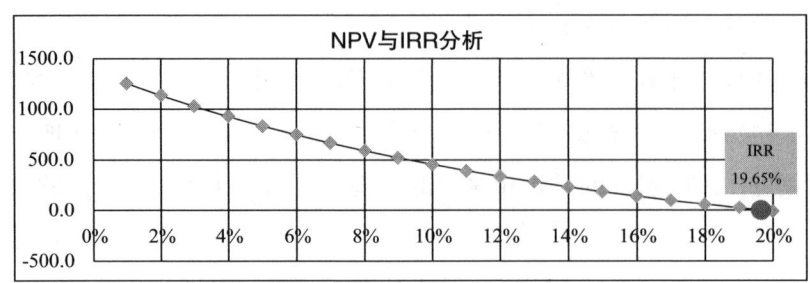

图 12-11　NPV 与 IRR 分析

该项目的内部报酬率为 19.65%，根据前面的资本成本 WACC=10%，该项目可行且具有吸引力。净现值为 454.6 万元，表示项目的预期收益超过了成本。项目的回收期为 5.84 年，意味着从项目开始到收回全部投资所需的时间约为 5.84 年。相对较短的回收期表明项目的流动性较好，资金回收速度较快，降低了投资风险。综上所述，该酒店投资项目在财务上表现出色，具有较强的投资吸引力和可行性。投资者可以考虑继续推进项目，同时保持对市场动态的关注，以确保项目的成功和盈利能力。

[实训总结]

酒店投资项目的财务分析结果显示，该项目具备良好的投资潜力和可行性。从净现值（NPV）的角度来看，项目的累计净现值从 T+1 年的 −791.9 万元逐步攀升至 T+10 年的 454.6 万元，这一显著的正向增长趋势充分说明了项目盈利能力的持续增强。尤其在 T+7 年时，累计净现值首次转正，标志着项目开始产生正的现金流，足以覆盖初始投资，为后续的盈利积累奠定了坚实基础。

内部报酬率（IRR）的计算结果为 19.65%，远高于资本成本 WACC 的 10%，这一超出预期的 IRR 值凸显出项目预期收益的丰厚程度，能够为投资者带来超额回报，进一步印证了项目的投资吸引力。动态回收期为 5.84 年，相对较短，意味着项目资金回收速度快，能够在较短时间内回笼投资，降低资金占用成本和投资风险，为投资者带来更早的收益回报。

综合考量项目的正 NPV、高于资本成本的 IRR 及较短的回收期，可以得出结论：该酒店投资项目在财务上表现出色，具有较强的投资吸引力和可行

实训 12 酒店投资运营决策分析

性。投资者可以基于这些财务指标，对项目的盈利前景充满信心，考虑继续推进项目的投资与运营。然而，在实际操作过程中，投资者仍需密切关注市场动态，如旅游行业发展趋势、消费者需求变化、竞争对手策略等，及时调整运营策略，以应对潜在的市场风险，确保项目的长期稳定盈利，从而实现投资收益最大化。

[实训评价]

请根据本实训的完成情况进行评价并填写实训评价表 12。

表 12 实训评价表

实训环节	评价指标	分值	自评	师评
实训准备	掌握酒店投资运营决策的数据分析方法	10		
	掌握分析数据的流程步骤	10		
实训步骤	投资预期成本表分析	10		
	运营预期收入表分析	10		
	运营预期成本表分析	10		
	运营预期费用表分析	10		
	运营预期现金流分析	10		
	酒店投资运营决策分析	10		
实训体会		20		
评分		100		

实训 13 山西传统村落分布特征分析

[实训场景]

假如你是一名旅游线路规划师，现需设计一条山西深度文化旅游线路，为此需要考虑山西传统村落的分布情况。根据传统村落的空间分布，将距离较近且具有不同特色的村落串联起来。如果村落集中分布在某个区域，像晋中地区有较多保存完好的明清传统村落，就可以规划一条以晋中传统村落群为主题的旅游线路，让游客在较短的时间内能够体验到多个传统村落的风貌，如乔家大院所在的祁县乔家堡村、平遥古城周边的传统村落等。

[实训目标]

· 熟练使用 Excel 可视化软件对山西传统村落进行整体分布情况分析。

· 熟练使用 ArcGIS 软件中的相关工具对山西传统村落实现点状要素在山西省地图上的可视化。

· 熟练使用 ArcGIS 软件中的平均最近邻分析工具对山西传统村落空间分布特征分析的方法。

[实训准备]

一、必备知识

平均最近邻指数。最近邻分析是根据每个要素与其最近邻要素之间的平均距离计算其最近邻指数。最近邻指数是平均观测距离和平均期望距离之比。如果小于 1，则要素呈现空间聚集式；如果大于 1，则要素呈现空间离散模式或竞争模式。在本实训中，平均最近邻指数（AND）指最相邻两处传统村落之间的平均观测距离和平均期望距离之比。计算公式为：

$$\mathrm{AND} = \frac{d_i}{d_e} = \frac{1}{n}\sum_{i=1}^{n}\frac{x_i}{\frac{1}{2\sqrt{n/A}}}$$

d_i 为其最相邻两处传统村落之间的实际平均观测距离；d_e 为各点之间的平均期望距离；x_i 为第 i 个点到其最相邻的点之间的距离；n 为传统村落的数量；A 为传统村落的总面积。

二、环境要求

1. Microsoft office 2016 以上版本。
2. ArcGIS10.2 以上版本。

三、素材数据

1. 数据来源

（1）文中作图所用底图（山西省行政区划图）来源于全国地理信息资源目录服务系统 1:1000000 数据，边界无修改。

（2）2014—2023 年全国住建部公布的 6 批中国传统村落名录共 5434 个，其中属于山西地区的传统村落有 534 个，删除其中雷同的村落，最后确定分析对象为 530 个。

2. 数据获取

步骤一：从中华人民共和国城乡和建设部官网（https://www.mohurd.gov.cn/）获取 2014—2023 年间认定的中国传统村落名单，并整理为 Excel 表格。

步骤二：在国家地理信息公共服务平台（https://map.tianditu.gov.cn/）获取各传统村落的经纬度。

具体数据如图 13-1 所示。

村名	年限	名单	市区	经度	维度
觉山村	2014	大同市灵丘县红石塄乡 觉山村	大同市	114.31	39.37
新平堡村	2015	大同市天镇县新平堡镇 新平堡村	大同市	114.10	40.67
高山村	2019	大同市云冈区高山镇 高山村	大同市	113.27	40.00
白羊口村	2019	大同市天镇县谷前堡镇 白羊口村	大同市	114.06	40.50
安家皂村	2019	大同市天镇县马家皂乡 安家皂村	大同市	113.97	40.09
涧西村	2019	大同市广灵县壶泉镇 涧西村	大同市	114.25	39.81
花塔村	2019	大同市灵丘县独峪乡 花塔村	大同市	113.98	39.09
徐疃村	2019	大同市云州区峰峪乡 徐疃村	大同市	113.69	39.95
永嘉堡村	2023	山西省大同市天镇县逯家湾镇 永嘉堡村	大同市	114.26	40.52
杨庄村	2023	山西省大同市灵丘县下关乡 杨庄村	大同市	114.12	39.14
曲回寺村	2023	山西省大同市灵丘县独峪乡 曲回寺村	大同市	114.06	39.19
郭峪村	2014	晋城市阳城县北留镇 郭峪村	晋城市	112.57	35.51
皇城村	2014	晋城市阳城县北留镇 皇城村	晋城市	112.58	35.50
上庄村	2014	晋城市阳城县润城镇 上庄村	晋城市	112.55	35.52
窦庄村	2014	晋城市沁水县嘉峰镇 窦庄村	晋城市	112.53	35.61
湘峪村	2014	晋城市沁水县郑村镇 湘峪村	晋城市	112.59	35.57
天井关村	2014	晋城市泽州县晋庙铺镇 天井关村	晋城市	112.81	35.35
西黄石村	2014	晋城市泽州县北义城镇 西黄石村	晋城市	113.00	35.68
苏庄村	2014	晋城市高平市河西镇 苏庄村	晋城市	112.94	35.73
大周村	2014	晋城市高平市马村镇 大周村	晋城市	112.78	35.69
良户村	2014	晋城市高平市原村乡 良户村	晋城市	112.77	35.75
郭北村	2015	晋城市沁水县嘉峰镇 郭北村	晋城市	112.52	35.64
南安阳村	2015	晋城市阳城县凤城镇 南安阳村	晋城市	112.46	35.46
孤堆底村	2015	晋城市阳城县河北镇 孤堆底村	晋城市	112.37	35.39

图 13-1 原始数据图

[实训步骤]

一、山西传统村落数量对比分析

步骤一：根据原始数据"Sheet1"工作表创建数据透视表

（1）在"Sheet1"中选中任一单元格，选择"插入"→"数据透视表"，在弹出的对话框中"选择放置数据透视表的位置"，点选"现有工作表(E)"，"位置(L)"为"Sheet2!$A$2"，如图 13-2 所示。

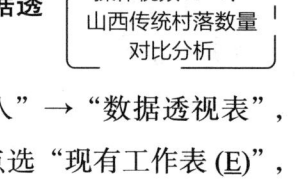

操作视频13-1：
山西传统村落数量
对比分析

实训 13　山西传统村落分布特征分析

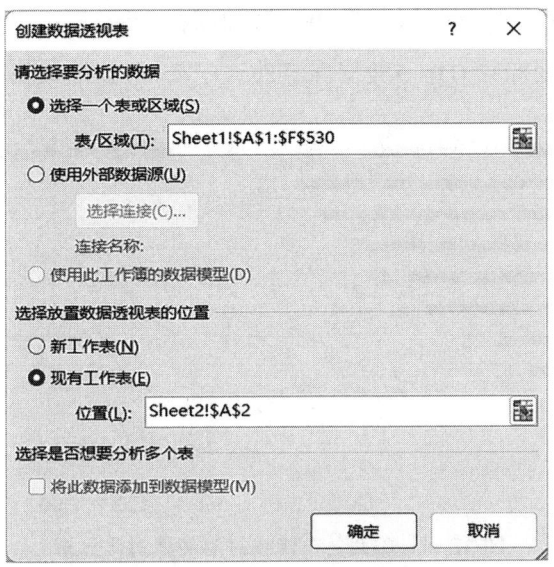

图 13-2　插入数据透视表

（2）在数据透视表中将"市区"拖放到"行"，"名单"拖放到"值"。将"计数项：名单"修改为"各市的总数"，如图 13-3 所示。

各市的总数	
市区	汇总
太原市	4
朔州市	8
大同市	11
运城市	17
忻州市	25
临汾市	44
阳泉市	49
吕梁市	57
长治市	73
晋中市	78
晋城市	163
总计	529

图 13-3　设置数据透视表区域

步骤二：根据上面的数据透视表创建数据透视图

（1）选择数据透视表中任一单元格，选择"分析"→"数据透视图"，选择"簇状条形图"。

（2）选中图表，选择"设计"→"添加图标元素"→"图表标题 (C) →图表上方 (A)""数据标签 (D) →数据标签外 (O)"。得到结果如图 13-4 所示。

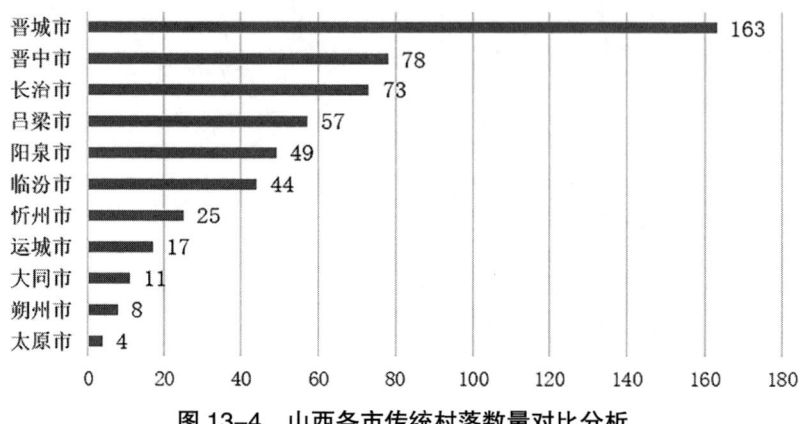

图 13-4　山西各市传统村落数量对比分析

（3）使用类似的方法，再插入一个数据透视表。在表中将"市区"拖放到"行"，"名单"拖放到"值"。在字段列表中，设置"名单"的"值字段设置"属性。在"值字段设置"对话框中，选择"值显示方式 (A)"为：总计的百分比。结果如图 13-5 所示。

图 13-5　山西各市传统村落占比分析步骤图

实训 13 山西传统村落分布特征分析

（4）选中新插入的数据透视表，选择"分析"→"数据透视图"，选择"饼图"。

（5）设置图表标题为：各市传统村落数据占比分析。添加数据标签和图例：选中图表，选择"设计"→"添加图标元素"→"图表标题 (C) →图表上方 (A)""数据标签 (D) →最佳匹配 (F)""图例 (L) →右侧 (R)"。

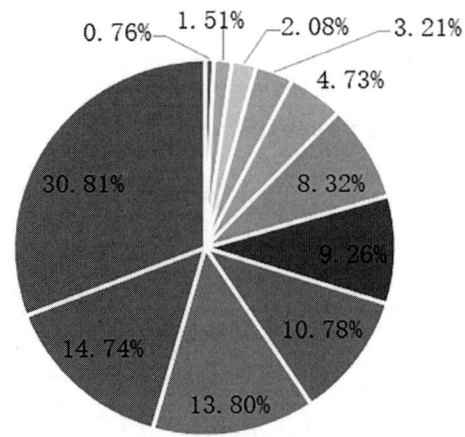

图 13-6 山西各市传统村落数据占比分析

从图表可以看出，山西省传统村落中晋城占比最多，占全省的 30.81%。

二、空间分布特征分析

步骤一：使用 ArcCatalog 软件在指定位置新建文件地理库

（1）在"内容"窗口中右击选择"新建 (N)"→"文件地理数据库 (O)"，名称为"空间分布分析.gdb"。结果如图 13-7 所示。

操作视频13-2：
空间分布特征分析

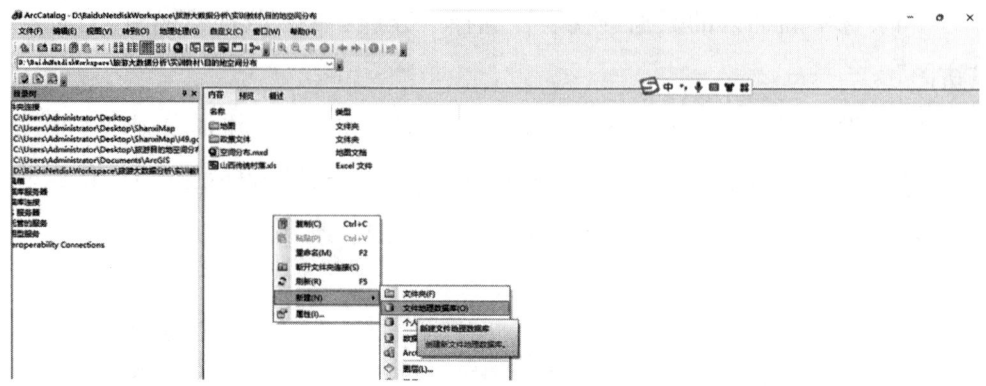

图 13-7　新建文件地理数据库

（2）选中"山西传统村落分析.gdb"，右击选择"新建(N)"→"表(T)"（图 13-8），表名为"山西传统村落"；导入"山西传统村落.xls"中的"Sheet1"文件（图 13-9、图 13-10）。表现在是空表，我们需要对其添加数据（图 13-11）。

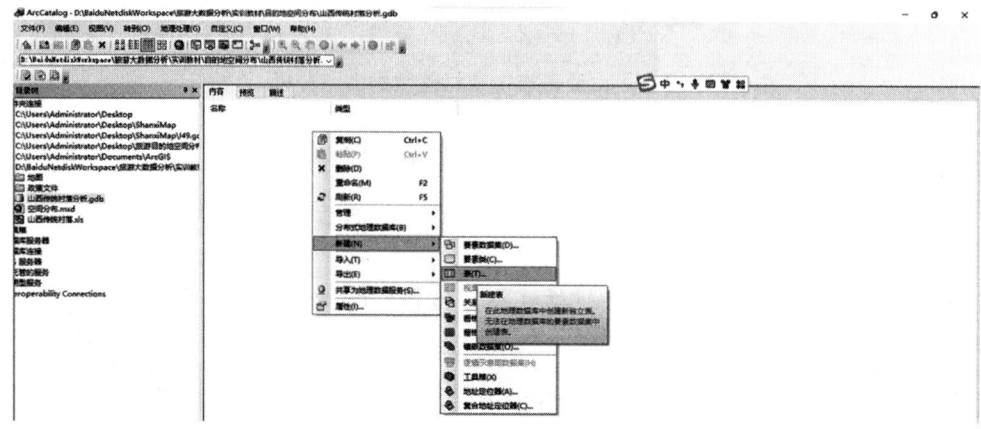

图 13-8　新建表

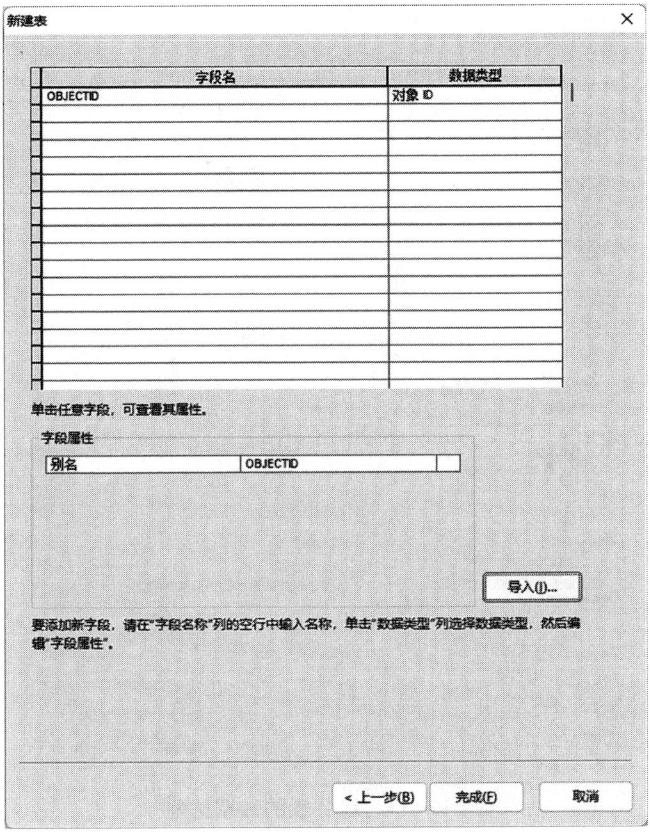

实训 13　山西传统村落分布特征分析

图 13-9　导入表

图 13-10　导入"山西传统村落"表

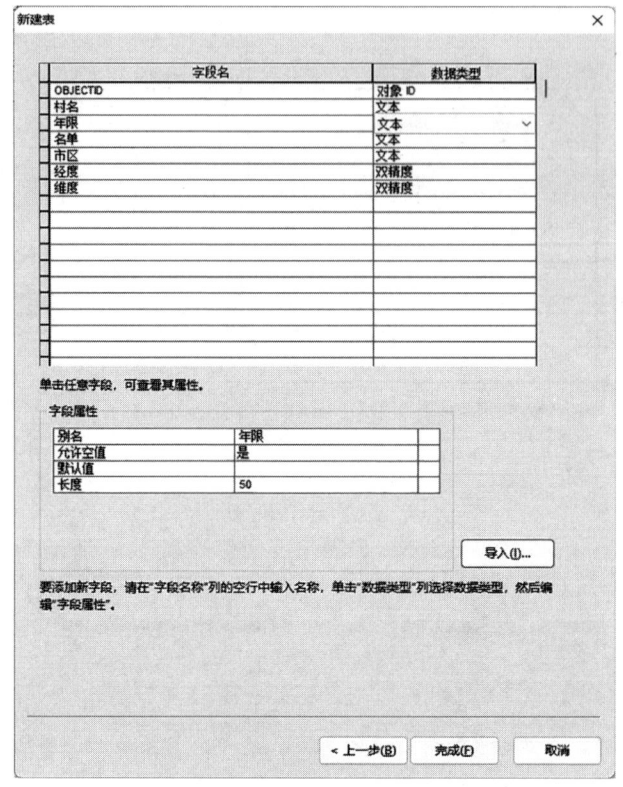

图13-11 设置表的数据类型

（3）加载数据到空表里，先右击刚刚创建好的"山西传统村落"的表格，选择"加载(L)"→"加载数据(D)..."（图13-12），在弹出的对话框中"输入数据"处选择"山西传统村落.xls"（图13-13）→"Sheet1$"（图13-14），直至完成。

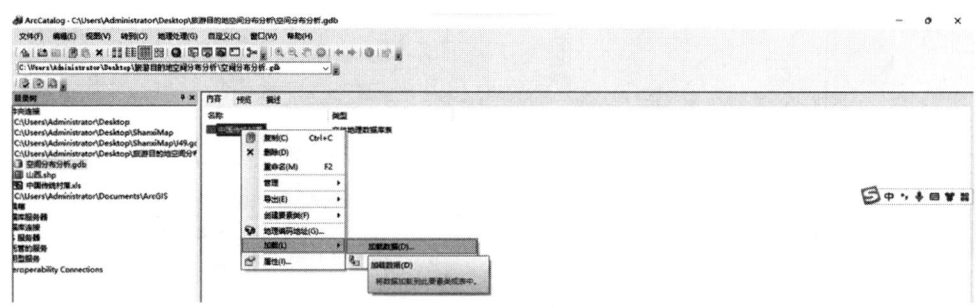

图13-12 加载数据

实训 13　山西传统村落分布特征分析

图 13-13　输入数据

图 13-14　选择输入"山西传统村落"数据

步骤二：使用 ArcMap 工具添加山西行政区划图

打开 ArcMap 工具，点击"添加数据"按钮，选择添加"山西 .shp"矢量图文件（图 13-15）。

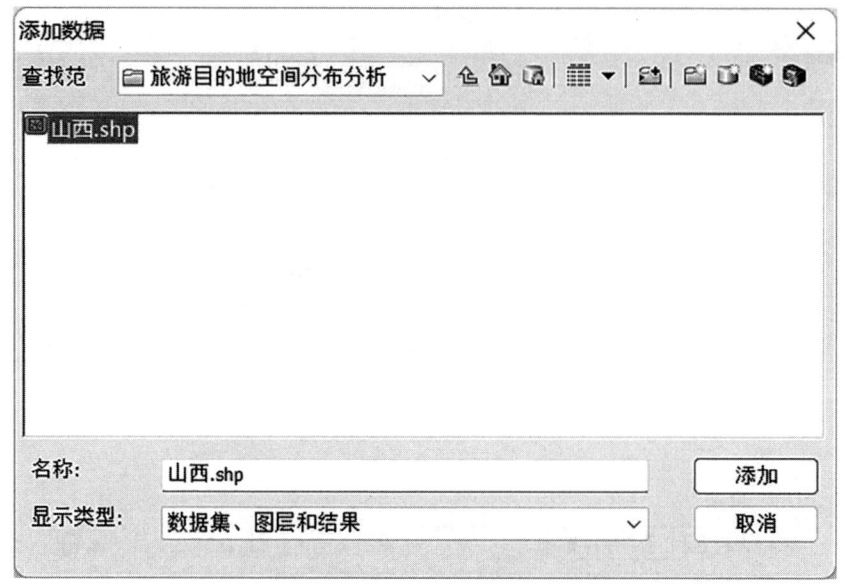

图 13-15　添加山西行政区划图

步骤三：在山西行政区划图中抠出各市的行政边界图

（1）选择"内容列表"窗口，在"山西"图层上右击鼠标左键，选择"打开属性表 (T)"→"按属性选择"，打开"按属性选择"对话框。根据 PAC 字段选择出山西的各个市，如图 13-16、图 13-17、图 13-18 所示。

实训 13　山西传统村落分布特征分析

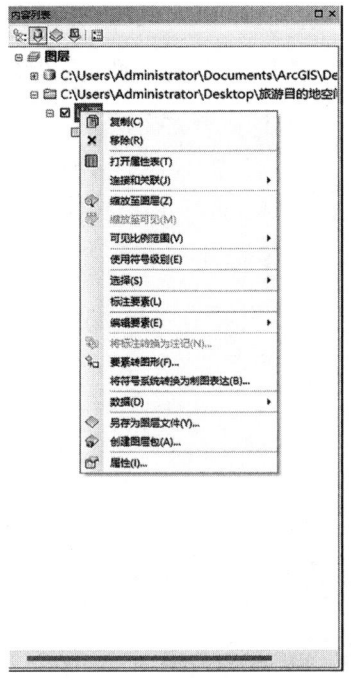

图 13-16　打开属性表

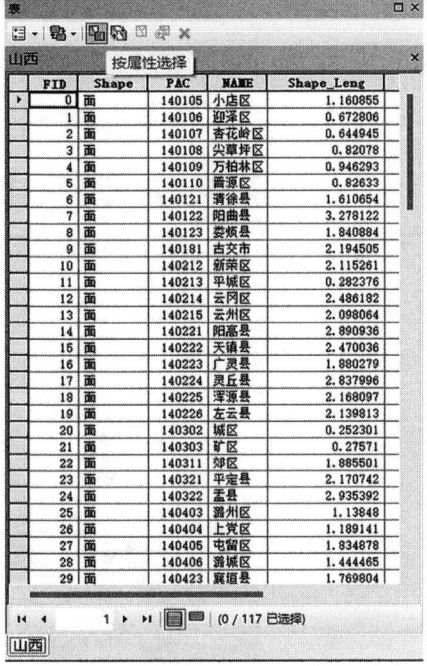

图 13-17　属性选择对话框

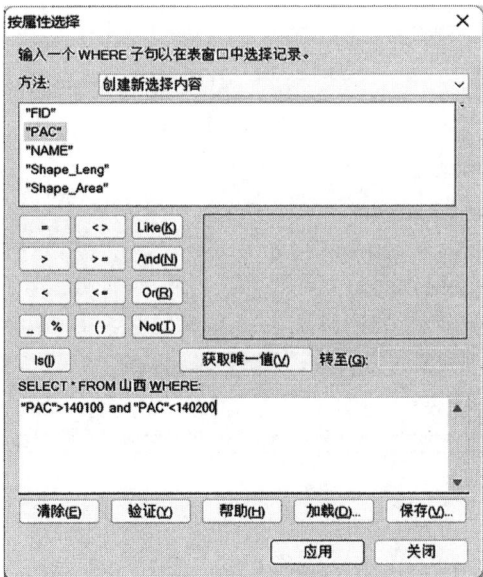

图 13-18　利用 select 语句选择山西的各个市

（2）内容列表中选择"山西"，右击选择"数据(D)"→"导出数据(E)..."（图13-19），在"导出数据"对话框中输入"太原市"，点击"确定"（图13-20）。

图 13-19　导出数据

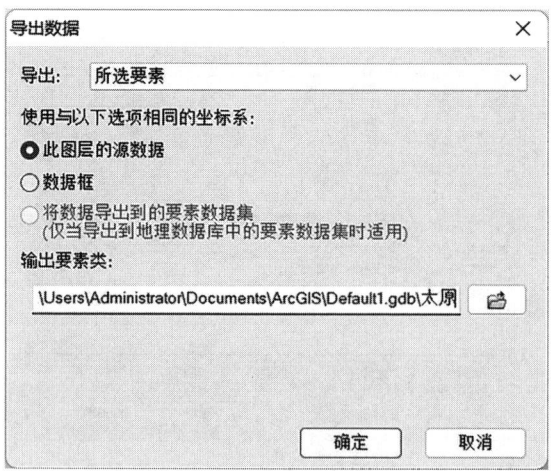

图 13-20　输出要素类

（3）融合得到边界。选择"地理处理"→"ArcToolbox"→"数据管理工具"→"制图综合"→"融合"（图13-21），选择"输入要素"为"太原市"，"输出要素类"为"太原"，点击"确定"（图13-22），最终得到太原市融合边界后的图层。

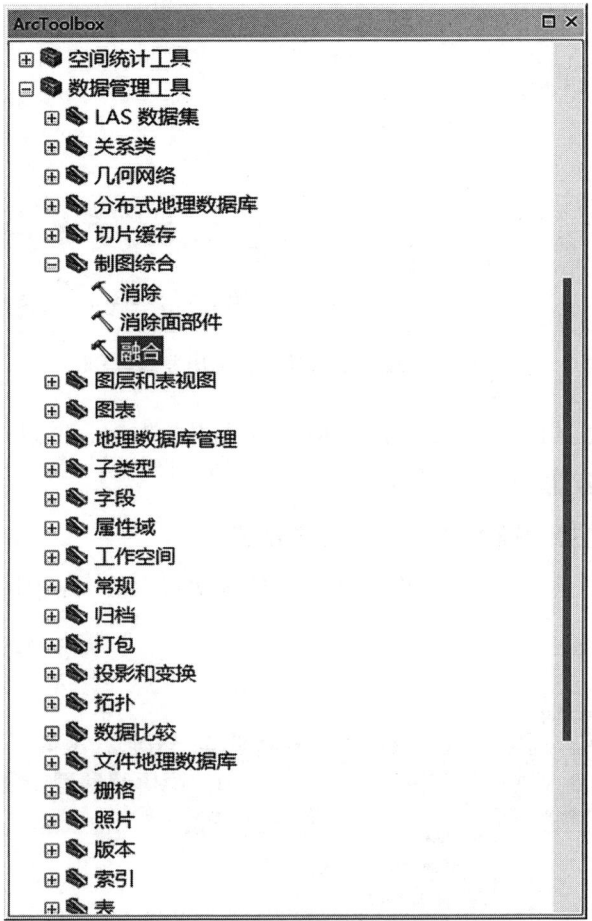

图 13-21　数据管理工具

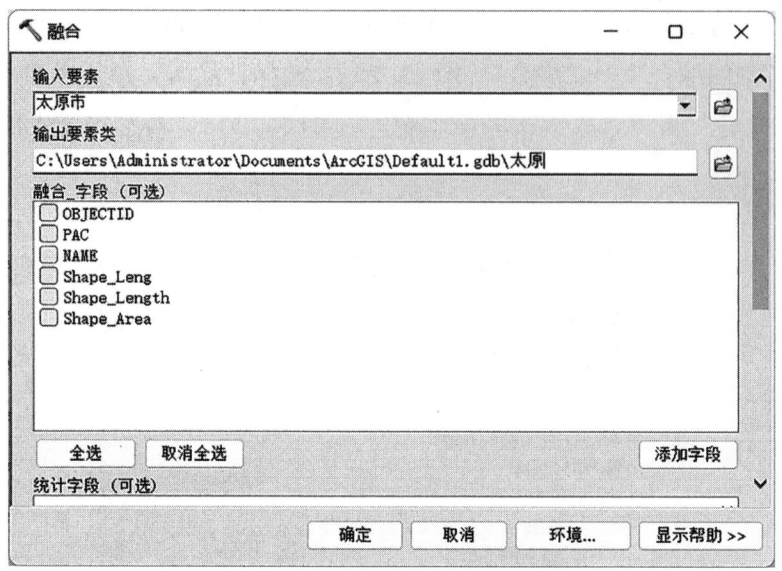

图 13-22 融合输入、输出要素类

（4）山西省其他 10 个市使用类似的方法进行抠出，并进行融合。融合后将 11 个市的图层显示。

步骤四：选择"插入 (I)"—"文本 (X)"

依次插入山西 11 个地市的名字，同时将文本框放入地图相应的位置（图 13-23）。

图 13-23 插入文本

实训 13 山西传统村落分布特征分析

步骤五：添加数据

使用 ArcMap 工具添加"山西传统村落 .xls"→ Sheet1$ 数据结果如图 13-24 所示。

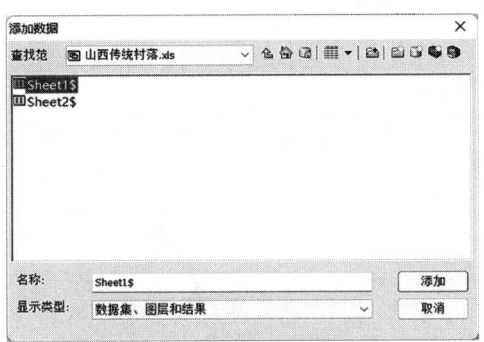

图 13-24 添加数据

步骤六：设置地理坐标系

在"内容列表"一栏，选中"Sheet1$"右击选择"显示 XY 数据"→设置"X 字段 (X)"为"经度"、"Y 字段 (Y)"为"维度"，点击"编辑"配置地理坐标系为"China Geodetic Coordinate System 2000"，点击"确定"（图 13-25）。

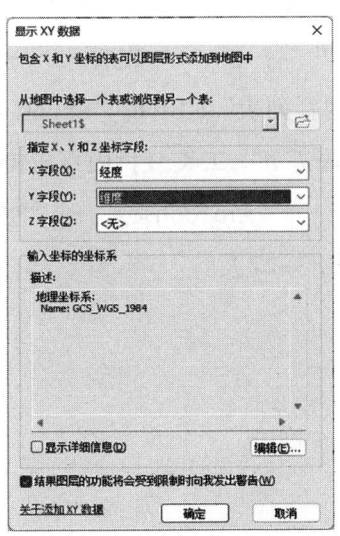

图 13-25 设置地理坐标系

传统村落旅游目的地的空间分布图初见成效。

步骤七：符号修改

使用左键单击"标记"出现"符号选择器"对话框，可在里面选择自己喜欢的符号，点击"确定"（图13-26）。

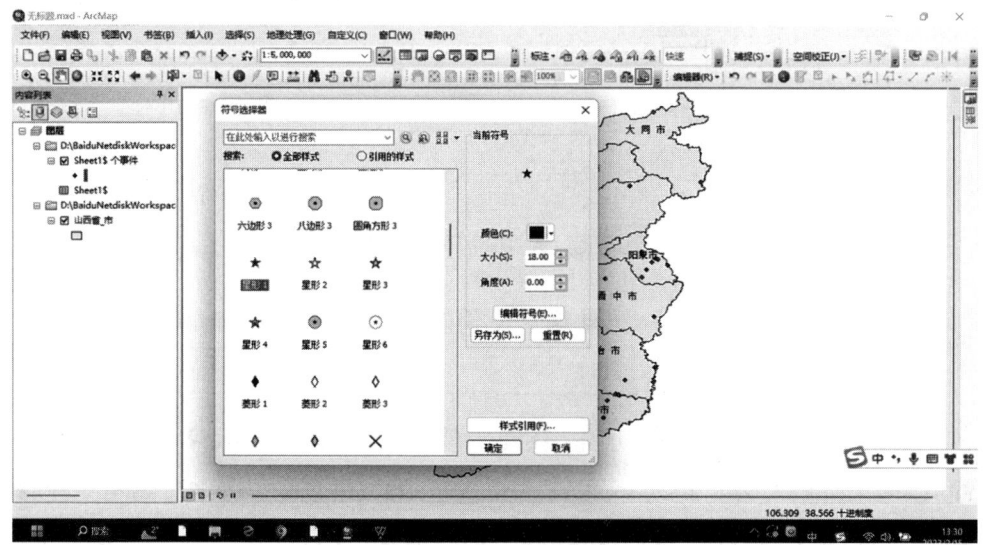

图 13-26　符号修改

步骤八：导出数据

在"Sheet1$ 个事件"右击→"数据"→"导出数据"→"确定"→"是"，在左侧"内容列表"中出现"Export_Output_8"。

步骤九：使用"平均最近邻"工具分析山西省传统村落空间分布类型

（1）选择"地理处理"→"ArcToolBox"→"空间统计工具"→"分析模式"→"平均最近邻"（图13-27）。

实训 13　山西传统村落分布特征分析

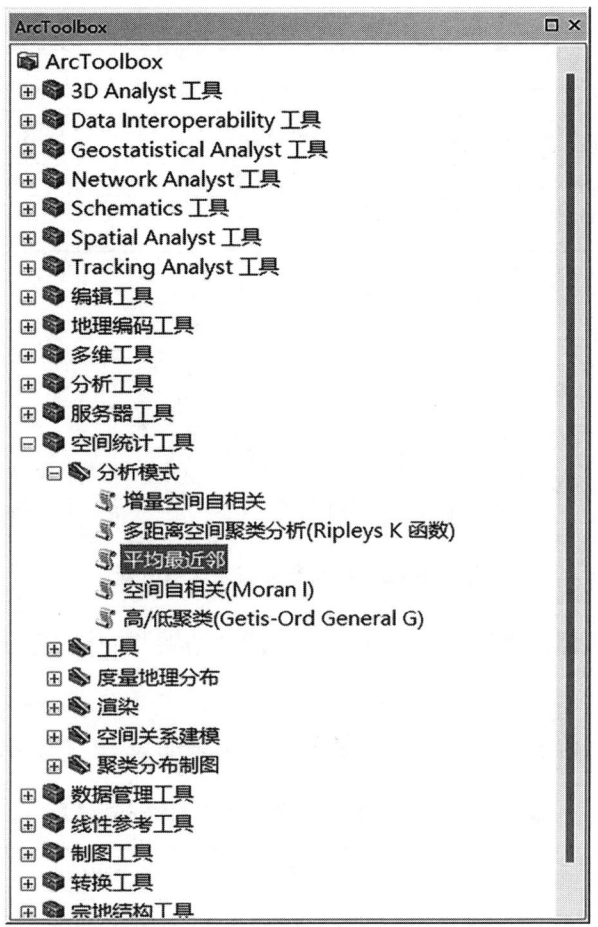

图 13-27　空间统计工具选择

（2）"平均最近邻"对话框中，选择"输入要素类"为"Export_Output_8"、"距离法"为"EUCLIDEAN_DISTANCE"，点击"确定"，点击"完成"（图 13-28）。

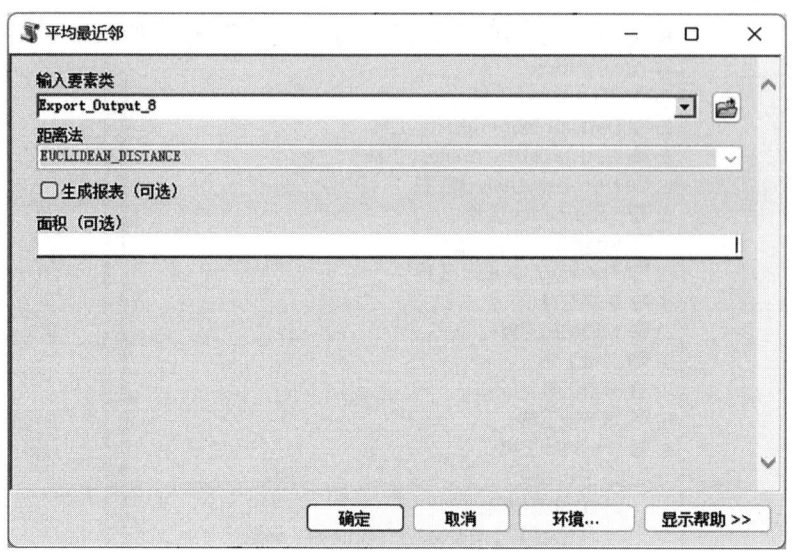

图 13-28　平均最近邻对话框设置

（3）在"地理处理"→"结果"→左侧"结果"一栏中，选择打开报表文件查看结果。

最后，山西传统村落平均最近邻的分析结果如表 13-1 所示。

表 13-1　山西传统村落平均最近邻的分析结果

数量	P 值	Z 值	ANN	分布类型
53	0.020084	−2.324780	0.831481	聚集型

[实训总结]

通过分析山西传统村落分布特征，学生可以合理安排旅游线路，提高游客的旅游效率和体验，避免游客在路程上浪费过多时间，同时也能充分展示山西传统村落的多样性。

[实训评价]

请根据本实训的完成情况进行评价并填写实训评价表 13-2。

实训 13　山西传统村落分布特征分析

表 13-2　实训评价表

实训环节	评价指标	分值	自评	师评
实训准备	理解平均最近邻指数的概念	10		
	能够自主收集并整理好数据	10		
实训步骤	正确创建山西传统村落数量数据透视表	10		
	正确创建山西传统村落数量数据透视图	10		
	正确创建文件地理库	10		
	正确创建山西行政区划图	10		
	正确创建山西传统村落空间分布图	10		
	使用平均最近邻工具分析传统村落空间分布类型并能够对类型进行正确解读	10		
实训体会		20		
	评分	100		

实训 14　山西 5A 级景区相关分析

[实训场景]

假如你是一位景区管理人员，你需要了解游客对景区的整体印象和评价，包括景区的文化底蕴、自然景观、服务质量、设施配套等方面的感知情况。通过分析游客的反馈和评价，发现游客对云冈石窟的历史文化价值感知度较高，但对景区内的讲解服务和休息设施满意度较低，从而可以有针对性地加强导游培训、增加休息区数量和改善设施条件，提升景区的整体品质和游客体验等。

[实训目标]

- 掌握数据透视表的制作方法。
- 能根据数据透视表绘制相应的图表。
- 会用 ROST CM6 对网络文本进行社会网络语义分析和游客满意度分析。

[实训准备]

一、必备知识

长尾理论。"长尾"是统计学中幂律（Power Laws）和帕累托分布（Pareto distributions）特征的一个口语化表达。在《长尾理论》一书中，Chris Anderson 详细阐释了长尾的精华所在，指出商业和文化的未来不在于传统需求曲线上那个代表"畅销商品"的头部，而是那条代表"冷门商品"的经常被人遗忘的长尾。

二、环境要求

（1）Microsoft office 2016 以上版本。

（2）ROST CM6 软件。

三、素材数据

1. 数据来源

全国 5A 级景区名单来自中国政府网站（https://www.gov.cn/），文中关于云冈石窟的评价数据来自携程、同城、去哪儿网、马蜂窝 4 家 OTA 平台，总共 2952 条数据，去除缺失项和重复项，最终确定分析对象为 1604 条数据。

2. 数据获取

（1）从中国政府网站搜索全国 5A 级景区名单，并整理为 Excel 表格文件（图 14-1）。

省	景区
安徽省	八里河旅游区
安徽省	方特旅游区
安徽省	肥西三河古镇
安徽省	古徽州文化旅游区
安徽省	黄山景区
安徽省	绩溪龙川景区
安徽省	九华山景区
安徽省	天堂寨景区
安徽省	天柱山景区
安徽省	皖南古村落
安徽省	万佛湖景区
北京市	八达岭长城风景名胜区
北京市	北京市奥林匹克公园
北京市	恭王府
北京市	故宫博物院
北京市	慕田峪长城
北京市	十三陵
北京市	天坛公园
北京市	颐和园
北京市	圆明园遗址公园
福建省	福建土楼（南靖）旅游景区
福建省	福建土楼（永定）旅游景区
福建省	福州市三坊七巷历史文化街区景区

图 14-1　全国 5A 级景区名单

（2）分别从携程、同城、去哪儿网、马蜂窝4个平台搜集关于山西的9个5A级景区的评价数据（图14-2）。

景区名称	携程点评数	好评	差评	同城旅行点评数	好评	中评	差评	马蜂总点评数	好评	中评	差评	去哪儿总点评数	好评	差评
皇城相府	3550	3200	109	12438	11718	602	118	342	291	41	10	1537	1519	18
大同市云冈石窟	14278	13195	238	2728	2575	126	27	1741	1643	84	14	3441	3431	3
绵山	1894	1654	84	1232	1089	112	31	393	320	49	24	821	787	34
洪洞大槐树寻根祭祖园	1895	1580	79	2045	1868	149	28	1	1			608	581	27
壶关县大行山八泉峡	1959	1624	154	1819	1569	234	16	19	17	1	1	105	67	38
忻州市代县雁门关	2657	2226	93	876	793	66	17	168	140	22	6	405	387	18
平遥古城	13246	10815	467	1821	1464	252	105	2797	2426	318	53	4064	4014	50
忻州市五台山	7081	5887	456	618	457	70	91	510	461	34	15	2311	2288	23
临汾市乡宁云丘山	765	472	59	959	860	82	17	55	38	6	11	242	226	16

图14-2　山西5A级景区的评价数据

（3）借助八爪鱼采集器分别从携程、同城、去哪儿网、马蜂窝4个平台获取关于云冈石窟的网络文本评价数据（时间范围为2014年4月—2024年6月）（图14-3）。

用户名	评论文本	分值	满意度	时间	IP
叶非远	来大同，怎么能不去云冈石	5分	超棒	2024/6/2	河北
_mbc42****6604266	云冈石窟真的是个超级震撼	5分	超棒	2024/5/2	山西
_CFT0****2257	云冈是四大石窟之一，北魏	5分	超棒	2024/5/13	山西
M34****079	景区很好，但是路边没有明	5分	超棒	2024/4/24	山西
m55****1211	16到20窟很壮观，前面的一	5分	超棒	2024/6/4	河北
sex****ole	到了山西的第一天是一位女	5分	超棒	2024/6/2	山西
m37****4492	云冈石窟性价比实在太高了	5分	超棒	2024/5/27	山西
冬少妈咪	何其幸运，居然在这里遇见	5分	超棒	2024/5/26	北京
爱我豪哥	值得去，挺神奇的，不过有	5分	超棒	2024/5/21	北京
哈哈嗨1	壮观的云冈石窟，静静地诉	5分	超棒	2024/5/14	山东
M42****6311	啊啊啊啊太棒了 吹爆这个导	5分	超棒	2024/5/11	山西
kerwin	非常值得一去啊。就是人太	5分	超棒	2024/5/7	北京
匿名用户	云冈石窟作为中国第一个皇	5分	超棒	2024/5/5	北京
M52****2843	奔着云冈石窟去的，大的景	5分	超棒	2024/5/5	山西
匿名用户	奔着云冈石窟去的，大的景	5分	超棒	2024/5/5	山西
M48****9167	云冈石窟云冈石窟位于中国	5分	超棒	2024/5/5	陕西
匿名用户	还是非常不错的，五月一	5分	超棒	2024/5/4	北京
E04****10	震撼，漂亮。 美中不足的是	5分	超棒	2024/5/3	山西
M36****368	公元400年北魏灭北凉，开仓	5分	超棒	2024/4/25	山西
匿名用户	这个点需要请讲解或者带讲	5分	超棒	2024/4/20	山西
M54****336	来大同必去点之一，票价10	5分	超棒	2024/4/19	湖南
漫步神州	讲解员小孙人热情，语速缓	5分	超棒	2024/4/24	山西
非鱼	为了拔那4大石窟的最后一颗	5分	超棒	2024/5/12	陕西
没事儿爱蹓跶	大美云岗石窟，入口处都是	5分	超棒	2024/4/24	辽宁
酷酷的大宝儿	值得一去，景美，人更美，	5分	超棒	2024/4/16	山西
tomzhao	云冈石窟离市区不远，有公	5分	超棒	2024/5/30	山西

图14-3　云冈石窟的评价数据

实训 14　山西 5A 级景区相关分析

[实训步骤]

一、山西5A级景区数量排名分析

步骤一：根据"全国5A级景区名"工作表创建数据透视表

操作视频14-1：
山西5A级景区数量
排名分析

（1）在"全国5A级景区"中选中任一单元格，选择"插入"→"数据透视表"，在弹出的对话框中"选择放置数据透视表的位置"处点选"现有工作表(E)"，"位置(L)"设置为"Sheet2!$A$2"（图14-4）。

图 14-4　全国 5A 级景区数据透视表步骤图（1）

（2）在数据透视表中将"省"拖放到"行"，"景区"拖放到"值"。将"计数项：景区"修改为"景区个数"。再次将"景区"拖放到"值"，将"计数项：景区"修改为"景区个数排名"，"景区个数占比"右击设置其值显示方式为"降序排列"（图14-5）。

省	景区个数	景区个数排名
天津市	2	15
上海市	4	14
宁夏回族自治区	4	14
辽宁省	4	14
青海省	4	14
西藏自治区	5	13
内蒙古自治区	6	12
甘肃省	6	12
海南省	6	12
吉林省	7	11
黑龙江省	7	11
广西壮族自治区	7	11
贵州省	8	10
湖南省	8	10
山西省	9	9
北京市	9	9
云南省	9	9
重庆市	10	8
福建省	11	7
陕西省	11	7
安徽省	11	7
河北省	11	7
江西省	12	6
新疆维吾尔族自治区	12	6
山东省	13	5
四川省	15	4
河南省	15	4
广东省	15	4
湖北省	17	3
江苏省	23	2
浙江省	33	1
总计	314	

图14-5 全国5A级景区数据透视表步骤图（2）

步骤二：根据数据透视表创建数据透视图

选择数据透视表中任一单元格，选择"分析"→"数据透视图"，选择"簇状条形图"。

选中图表，选择"设计"→"添加图标元素"→"图表标题 (C) →图表上方""数据标签 (O) →数据标签外 (D)"。

将"Sheet2"工作表重命名为：山西5A级景区数量排名。

从分析图 14-6 可以看出，山西 5A 级景区数量在全国排第 9 名。

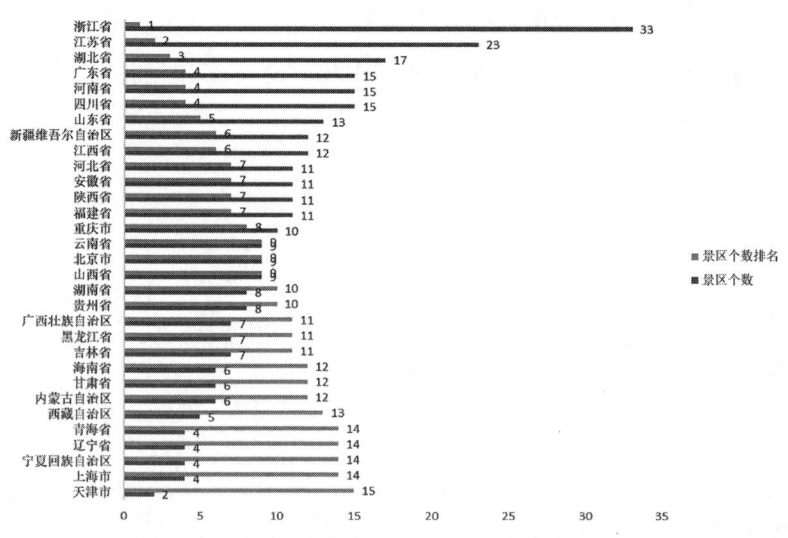

图 14-6　全国 5A 级景区数据透视表步骤图（3）

二、山西5A级景区点评量和好评率分析

步骤一：分析山西的 9 个 5A 级景区的总点评数、好评率和排名情况

在"山西 5A 级景区"工作表中插入 3 列内容，分别为总点评数、好评率和排名。

操作视频14-2：
山西5A级景区点评量和好评率分析

在 P2 单元格中输入公式：=B2+E2+I2+M2，计算 4 个平台的总点评数；Q2 单元格中输入公式：=(C2+F2+J2+G2+K2+N2)/P2，计算好评率；R2 单元格中插入 RANK 函数，其参数分别为：Q2 和 $Q$2:$Q$10。计算结果如图 14-7 所示。

景区名称	携程点评数	好评	差评	同城旅行点评数	好评	中评	差评	马蜂总点评数	好评	中评	差评	去哪儿总点评数	好评	差评	总点评数	好评率	排名
皇城相府	3550	3200	109	12438	11718	602	118	342	291	41	10	1537	1519	18	17867	97.22%	1
大同市云冈石窟	14278	13195	238	2728	2575	126	27	1741	1643	84	14	3441	3431	95	22188	94.89%	2
佛　山	1894	1654	84	1232	1089	112	31	393	320	49	24	821	797	34	4340	92.42%	3
洪洞大槐树寻根祭祖园	1895	1580	79	2045	1868	149	28	1	1			608	581	27	4549	91.87%	4
壶关县大行山八泉峡	1959	1624	154	1819	1569	234	16	19	17	1		105	67	18	3902	90.01%	5
忻州市代县雁门关	2657	2226	93	876	793	66	17	168	140	22	6	405	387	18	4106	88.50%	6
平遥古城	13246	10815	467	1821	1464	252	105	2797	2426	318	53	4064	4014	50	21928	87.97%	7
忻州市五台山	7081	5887	456	618	457	70	91	510	461	34	15	2311	2288	23	10520	87.42%	8
临汾市乡宁云丘山	765	472	59	959	860	82	17	55	38	6	11	242	226	16	2021	83.33%	9

图 14-7　山西 5A 级景区总点评数和好评率

| 185

步骤二：根据上面的总点评数和好评率数据表格文件，创建可视化图表展示

（1）选择"山西5A级景区"工作表中任一单元格，选择"插入"→"数据透视表"，"选择放置数据透视表的位置"处点选"现有工作表(E)"，"位置(L)"为"Sheet2!$A$2"。在数据透视表中将"景区名单"拖放到"行"，"总点评数"拖放到"值"（图14-8）。

行标签	求和项：总点评数
临汾市乡宁云丘山	2021
壶关县大行山八泉峡	3902
忻州市代县雁门关	4106
绵山	4340
洪洞大槐树寻根祭祖园	4549
忻州市五台山	10520
皇城相府	17867
平遥古城	21928
大同市云冈石窟	22188
总计	91421

图14-8 山西5A级景区总点评数和好评率数据透视表

（2）选择数据透视表中任一单元格，选择"分析"→"数据透视图"，选择"簇状条形图"。

（3）选中图表，选择"设计"→"添加图表元素"→"图表标题(C)→图表上方(A)""数据标签(D)→数据标签外(O)"（图14-9）。

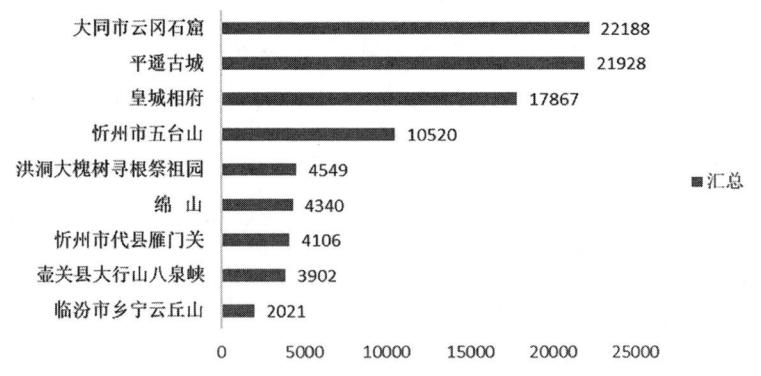

图14-9 山西5A级景区总点评数排名

用类似的方法分析山西 9 个景区的好评率排名，如图 14-10、图 14-11 所示。

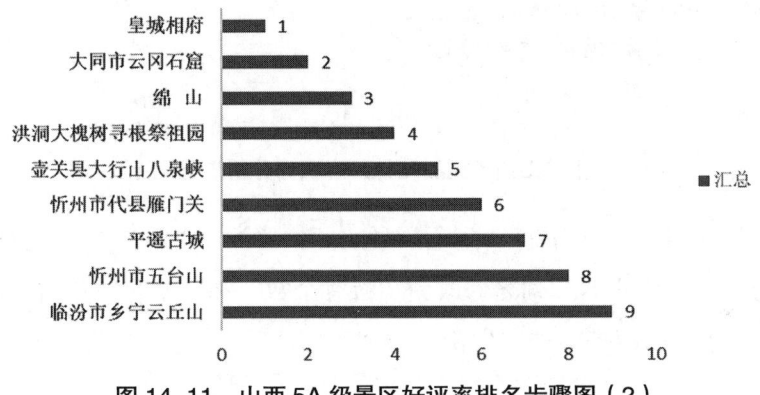

图 14-10　山西 5A 级景区好评率排名步骤图（1）

图 14-11　山西 5A 级景区好评率排名步骤图（2）

从上面总点评数和好评率分析图中可以看出，云冈石窟的总点评数最多，但好评率仅排第二。

三、山西云冈石窟的不同省份的游客数量分析

步骤一：根据"原始数据集"的工作表数据创建数据透视表

（1）选择"原始数据集"工作表中任一单元格，选择"插入"→"数据透视表"，"选择放置数据透视表的位置"处点选"现有工作表(E)"，"位置(L)"为"原始数据集!$H$2"（图 14-12）。

操作视频14-3：
山西云冈石窟的游客画像分析

图 14-12 山西云冈石窟的游客画像分析步骤图（1）

（2）在数据透视表中将"省份"拖放到"行"，"用户名"拖放两次到"值"，分别将"用户名"列名修改为"游客个数"和"游客数量占比"。

（3）在数据透视表中选"省份"→"值筛选"→"前10项"（图14-13）。

省份	游客个数	游客数量占比
山西	646	46.47%
北京	299	21.51%
河北	121	8.71%
上海	70	5.04%
内蒙古	55	3.96%
广东	47	3.38%
天津	46	3.31%
辽宁	36	2.59%
江苏	36	2.59%
山东	34	2.45%
总计	1390	100.00%

图 14-13 山西云冈石窟的游客画像分析步骤图（2）

实训 14　山西 5A 级景区相关分析

步骤二：根据数据透视表绘制数据透视图

（1）选择数据透视表中任一单元格，选择"分析"→"数据透视图"，选择"饼图"。

（2）选中图表，选择"设计"→"添加图表元素"→"图表标题 (C)→图表上方 (A)""数据标签 (D)→其他数据标签选项 (M)→勾选"值 (V)、类别名称 (G)、百分比 (P)、显示引导线 (H)"。

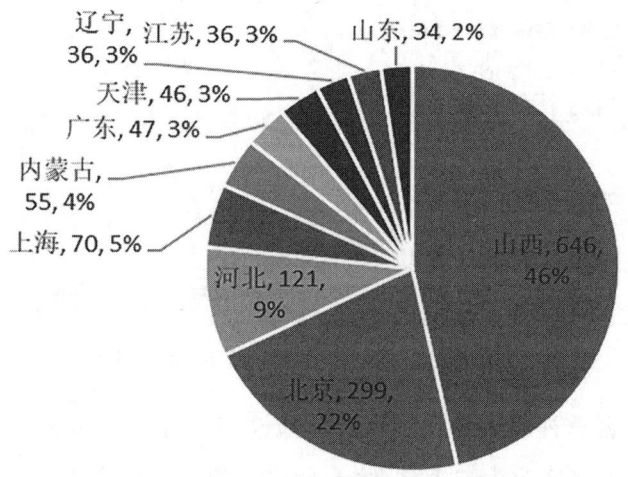

图 14-14　山西云冈石窟的游客画像分析步骤图（3）

从图 14-14 可以看出，云冈石窟的游客中来自山西本地及山西周边的河北和北京的游客最多，占比超过总游客的 70%，上广等地的游客比较少。

四、游客满意度分析

步骤一：根据"原始数据集"的工作表数据创建数据透视表

（1）选择"原始数据集"工作表中任一单元格，选择"插入"→"数据透视表"，"选择放置数据透视表的位置"处点选"现有工作表 (E)"，"位置 (L)"为"原始数据集!$H$30"（图 14-15）。

操作视频14-4：
游客满意度分析

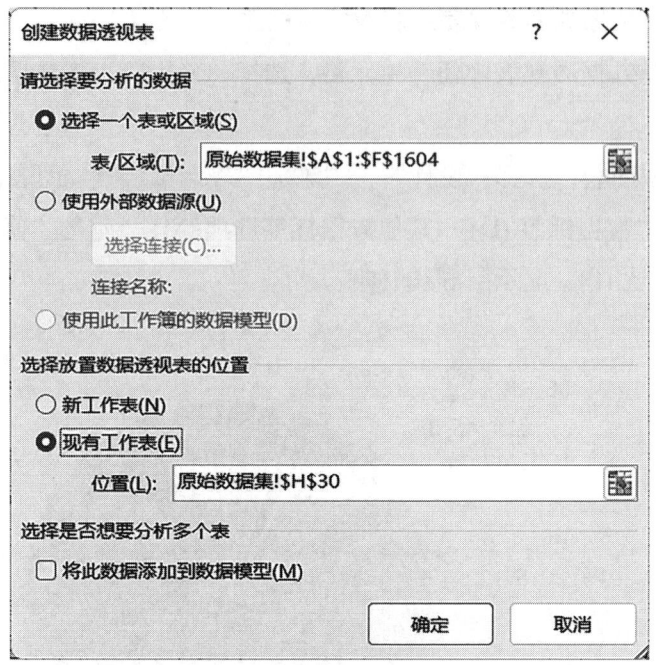

图14-15 游客满意度分析步骤图(1)

(2)在数据透视表中将"满意度"拖放到"行","分值"拖放到"值",将"满意度"列名修改为"满意度",将"分值"列名修改为"满意度占比"。

选择"满意度占比"列右击→"值显示方式"→"总计的百分比"(图14-16)。

满意度	满意度占比
不错	1.31%
不佳	0.12%
超棒	89.21%
满意	9.11%
一般	0.25%
总计	100.00%

图14-16 游客满意度分析步骤图(2)

步骤二:根据数据透视表绘制数据透视图

(1)选择数据透视表中任一单元格,选择"分析"→"数据透视图",选择"饼图"。

（2）选中图表，选择"设计"→"添加图表元素"→"图表标题 (C)"→图表上方 (A)""数据标签 (D)→其他数据标签选项 (M)→勾选"值 (V)"、类别名称 (G)、百分比 (P)、显示引导线 (H)"。

从图 14-17 可以看出，云冈石窟的游客满意度高达 98%，说明游客对云冈石窟的评价很高。

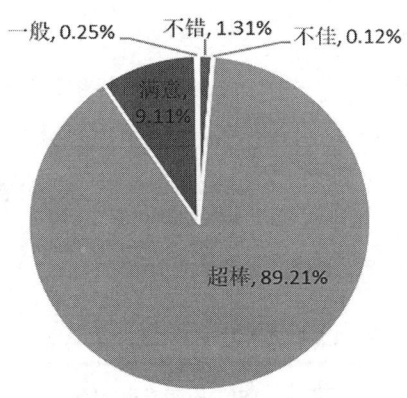

图 14-17　游客满意度结果

五、云冈石窟形象感知分析

步骤一：创建数据文本

将前面搜集到的云冈石窟的评论内容列存储为"云冈石窟文本 .txt"文件。

步骤二：用 ROST CM6 软件处理文本

在 ROST CM6 软件中选择"功能性分析"→"分词 (O)"，在弹出的"分词窗口"对话框中设置"待处理文件"为"云冈石窟文本 .txt"链接，其他选项默认（图 14-18）。

操作视频14-5：
云冈石窟形象感知分析

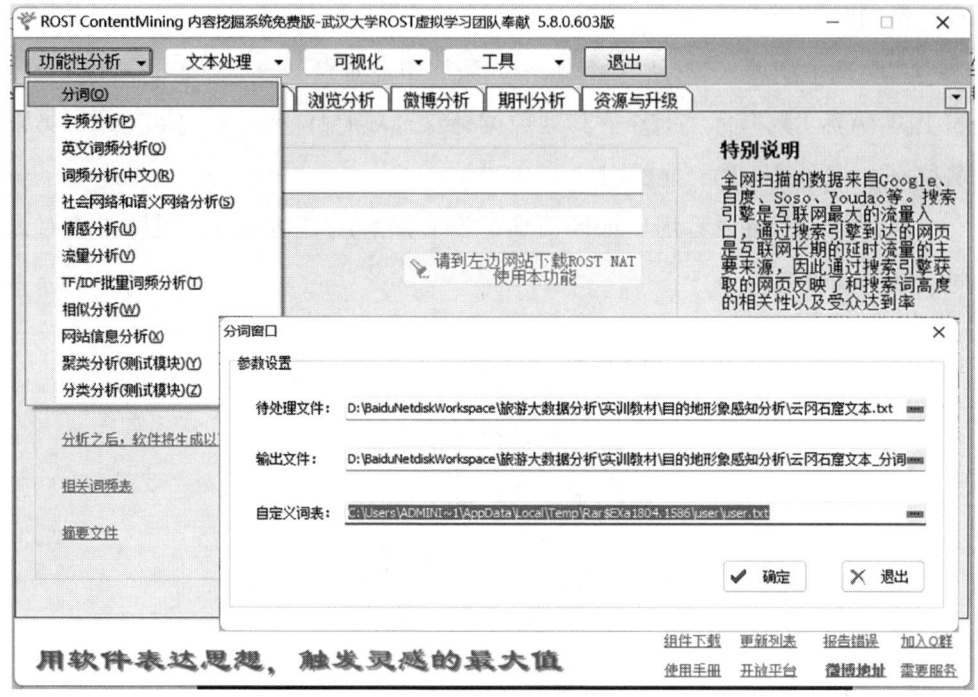

图14-18　分词参数设置

步骤三：查看分词效果

查看分词效果，发现"云冈石窟"分为"云冈"和"石窟"两个词、"五一节日"分为"五一节"和"日"两个词，如图14-19所示，需要调整分词库。选择"工具"→"自定义文件(Z)"→"分词自定义词表(W)"，将"云冈石窟""五一节日""值得一游""值得一来""值得一看""值得一去"等词汇添加到文件中，并保存（图14-20、图14-21）。

实训 14　山西 5A 级景区相关分析

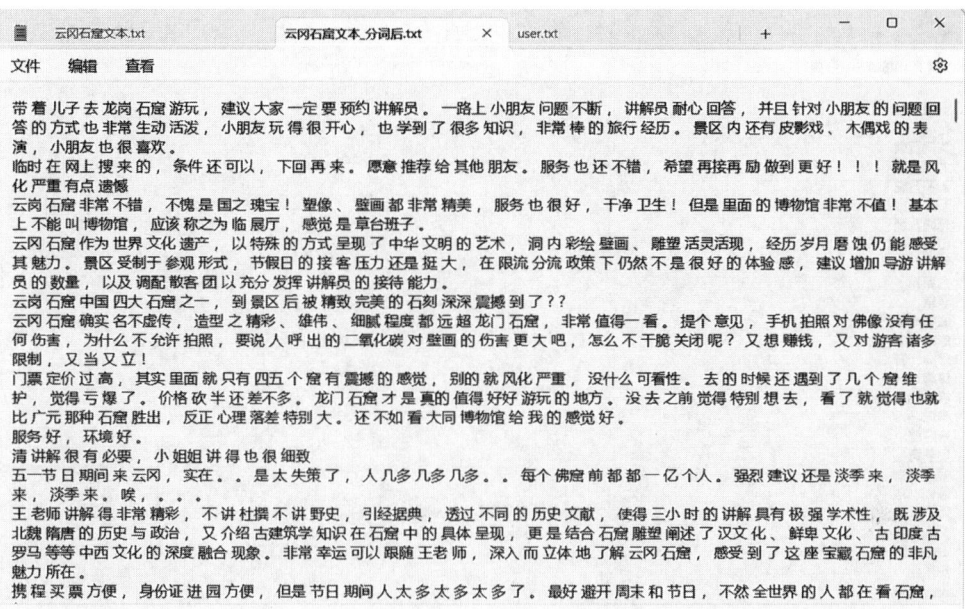

图 14-19　分词初始效果

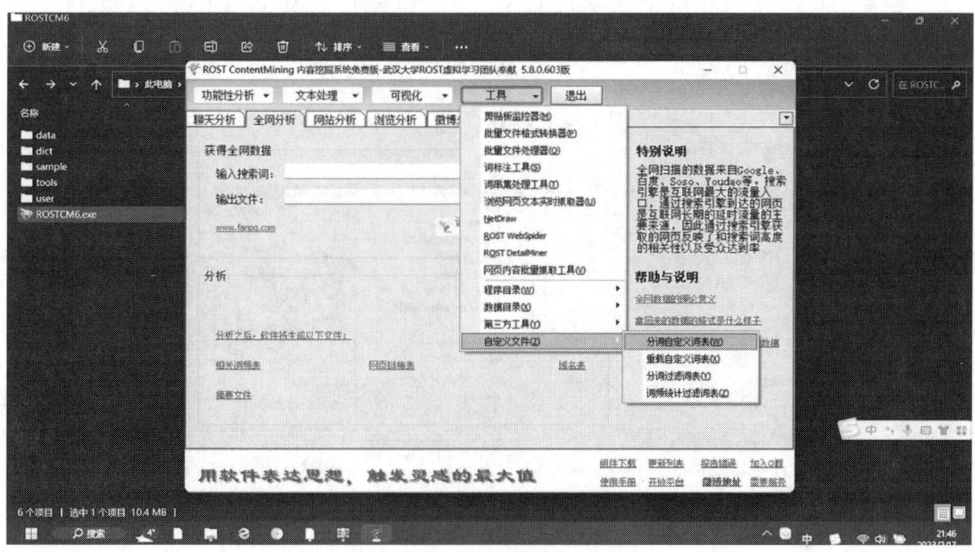

图 14-20　自定义分词表步骤图（1）

图 14-21　自定义分词表步骤图（2）

选择"工具"→"自定义文件(Z)"→"重载自定义词表(X)"，点击"确定"（图 14-22）。

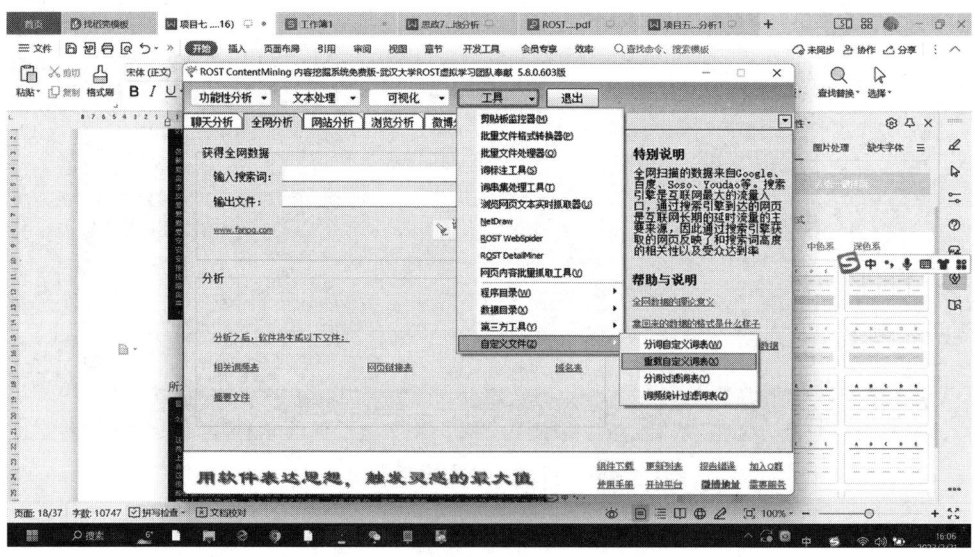

图 14-22　自定义分词表步骤图（3）

实训 14　山西 5A 级景区相关分析

步骤四：重新分析

重复步骤二和步骤三，重新分析，查看分词最终效果（图 14-23）。

图 14-23　分词最终效果

步骤五：得到词频统计结果

在 ROST CM6 软件中选择"功能性分析"→"词频分析（中文）(R)"，在弹出的"汉语词频统计窗口"中设置各个参数（图 14-24），得到的词频统计结果如图 14-25 所示。

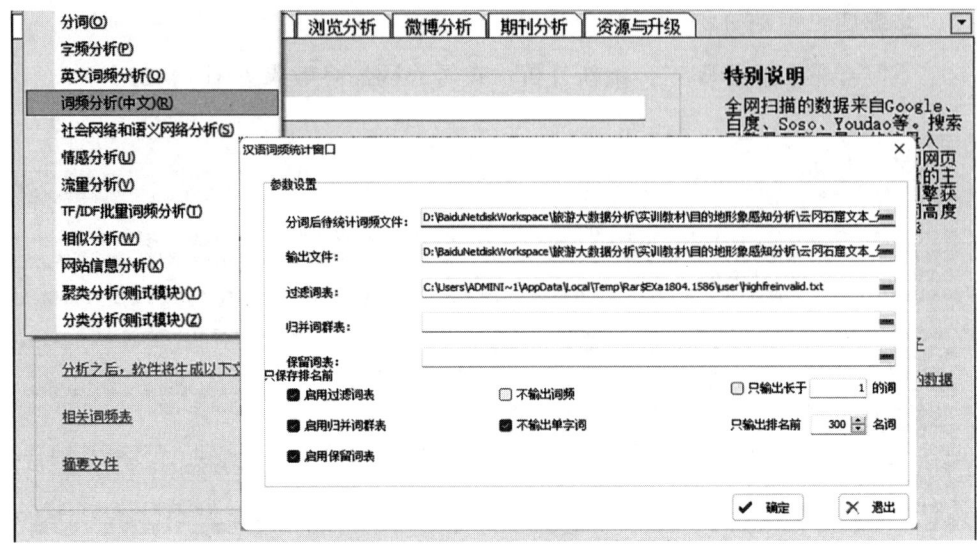

图 14-24　参数设置

图 14-25　词频分析窗口设置结果

最终经过词频分析后，得到高频词汇及词频排名，如表 14-1 所示。

表 14-1 云冈石窟网络评价高频词汇及词频排名

排名	高频词	词频	排名	高频词	词频	排名	高频词	词频
1	云冈石窟	616	11	山西	96	21	古人的	72
2	文化	277	12	地方	92	22	值得一看	64
3	值得	265	13	知识	89	23	保护	64
4	大同	234	14	云冈	87	24	古代	60
5	导游	206	15	千年	86	25	博物	56
6	建议	128	16	参观	85	26	门票	52
7	方便	126	17	精美	85	27	丰富	46
8	小时	125	18	拍照	83	28	超级	45
9	感受	112	19	智慧	78	29	分钟	45
10	值得一去	107	20	龙门石窟	72	30	整体	44

步骤六：生成词频分析长尾图

将"云冈石窟文本_分词后_词频.txt"文件中的词频统计结果复制整理到"云冈石窟词频统计.xlsx"文件中。选择"词频"一列，点击"插入"→"图表"→"面积图"，生成词频分析长尾图，如图14-26所示。

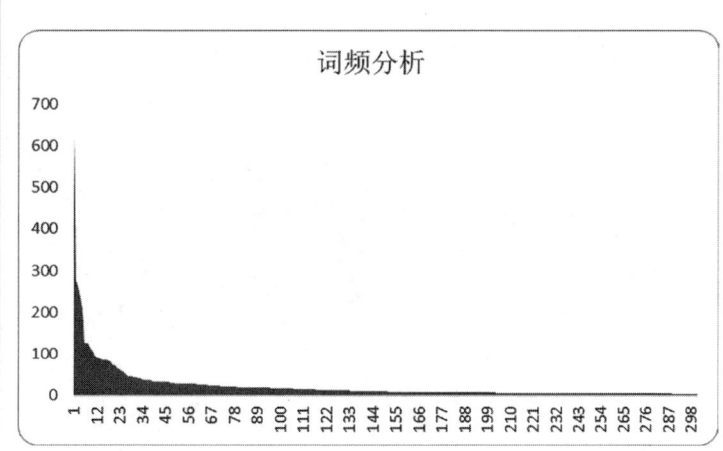

图 14-26 词频分析长尾图

步骤七：社会网络和语义网络分析

在 ROST CM6 软件中选择"功能性分析"→"社会网络和语义网络分析(S)，"打开"汉语词频统计"窗口，"待处理文件"设置为原始的基础数据文件"云冈石窟文本.txt"，点击"快速分析"，设置各个参数（图 14-27）。得到的分析结果如图 14-28 所示。

图 14-27　社会网络和语义网络分析参数设置

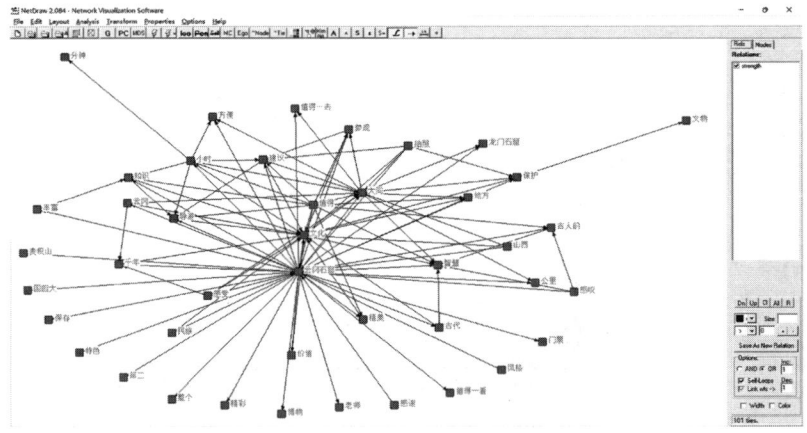

图 14-28　社会网络和语义网络分析结果

实训 14　山西 5A 级景区相关分析

步骤八：情感分析

在 ROST CM6 软件中选择"功能性分析"→"情感分析 (U)"，打开"情感倾向分析工具"窗口，设置各个参数（图 14-29）。

图 14-29　情感分析参数设置

步骤九：情感分析结果

在"情感倾向分析工具"窗口右下侧点击相应"查看"，可查看得到的相应情感分析结果（图 14-30）。

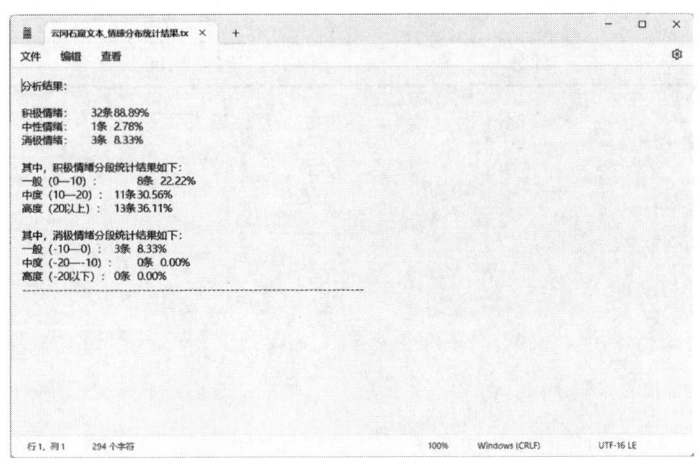

图 14-30　情感分析结果

从情感分析结果中可以看到，积极情绪和中性情绪占比超过 90%，消极情绪占比 8% 左右。这个分析结果和前面的游客满意度分析结果基本一致。

[实训总结]

通过本实训的学习，学生明确了景区在游客心目中的核心形象和价值，这将有助于他们后期更好地保护和规划景区的旅游资源。

[实训评价]

请根据本实训的完成情况进行评价并填写实训评价表 14-2。

表 14-2　实训评价表

实训环节	评价指标	分值	自评	师评
实训准备	理解长尾理论	10		
	能够正确收集并整理好数据	10		
实训步骤	正确分析山西 5A 级景区数量排名情况	10		
	正确分析点评量和好评率排名情况	10		
	正确进行云冈石窟的游客画像分析	10		
	正确分析游客满意度并给出适当建议	10		
	正确进行云冈石窟的形象感知分析	10		
	正确解读分析结果	10		
实训体会		20		
评分		100		

实训 15　AI 自动生成旅游行程规划

[实训场景]

　　随着物质生活水平的提高，人们有了更多的可支配收入及闲暇时间，旅游逐渐成为一种备受青睐的休闲方式。相较于走马观花式的跟团游，越来越多的人们选择自由行，按自己的节奏去体验不同地方的风土人情，领略各异的自然风光，感受别样的历史文化底蕴。但是自由行需要自己完成从行程规划、交通预订、酒店安排，到景点门票购买等一系列的准备工作，这也是一件比较烦琐的事情。有没有一种工具能帮助我们快速地完成旅游行程规划呢？答案是肯定的，AI 就可以帮助我们快速完成旅游行程规划并根据要求不断调整方案，直到你满意为止。本实训主要模拟了利用 AI 工具自动生成旅游行程规划的过程。

[实训目标]

- 了解生成式人工智能（AIGC）的概念。
- 了解常用的 AI 工具有哪些。
- 认识 AI 在旅游行程规划中的优势。
- 掌握 AI 生成旅游行程规划的方法。
- 具备利用 AI 技术高效、准确地制定旅游行程规划的能力。
- 鼓励运用创新思维，尝试不同的参数组合和设置，探索更多可能的旅游行程规划方案。
- 面对 AI 生成的行程规划中存在的问题或不足，能够独立思考并提出解决方案，提升解决问题的能力。

[实训准备]

一、必备知识

1. 生成式人工智能的概念

生成式人工智能（Artificial Intelligence Generated Content，AIGC）是人工智能领域的重要分支，是一种基于算法和模型生成文本、图片、声音、视频、代码等内容的技术。不同于传统的人工智能仅对输入的数据进行处理和分析，生成式人工智能可以学习并模拟事物的内在规律，根据用户的输入资料生成具有逻辑性和连贯性的新内容。截至2024年10月，中国已经备案并上线的生成式人工智能大模型数量超过200个，注册用户超过6亿。

2. 常用的AI工具

AI工具的种类非常丰富，涵盖了图像、文本、语音等多个领域。常用的文本创作AI工具有字节跳动的豆包、百度的文心一言、阿里云的通义千问、腾讯的腾讯元宝、科大讯飞的讯飞写作等。

常用的图像创作AI工具有抖音的即梦AI、百度的文心一格、阿里云的通义万相、腾讯的腾讯智影、科大讯飞的讯飞绘文等。

常用的语音创作AI工具有抖音的豆包、百度的百度智能云、阿里云的TTS、腾讯的腾讯云语音识别、科大讯飞的讯飞星火等。

二、环境要求

稳定的网络环境。

操作视频15：
AI生成旅游行程方案

[实训步骤]

AI可以在短时间内整合大量的旅游信息，根据用户设定的出行时间、经费预算、兴趣点等要求，快速生成一份完整的旅游行程规划方案。例如，一个用户想去云南游玩5天，AI可以在几分钟内就给出包括每天去哪里玩、怎么去、住哪里、当地有什么特色景点等内容的行程规划方案，而如果人工规划可能需要花费数小时查阅各种攻略和资料。下面我们就使用豆包来生成一份从山西太

实训 15　AI 自动生成旅游行程规划

原出发到云南的 5 天 4 晚旅游行程规划。

步骤一：AI 生成初步旅游行程规划

打开豆包 AI，在搜索栏输入"请帮我写一份太原到云南 5 天 4 晚的旅游行程安排"，点击搜索按钮，我们就得到了一份太原到云南 5 天 4 晚的旅游行程安排，如图 15-1 所示。

好的，以下是一份太原到云南 5 天 4 晚的旅游行程安排：

第一天：太原 - 昆明
- 上午：从太原武宿机场乘坐飞机前往昆明长水机场。
- 中午：抵达昆明后，前往酒店办理入住手续，稍作休息。
- 下午：游览昆明市内的翠湖公园，感受昆明的悠闲氛围。
- 晚上：在昆明市区品尝当地特色美食，如过桥米线等。

第二天：昆明 - 大理
- 上午：乘坐动车前往大理。
- 中午：到达大理后，前往酒店办理入住手续。
- 下午：游览大理古城，欣赏古城的建筑和文化。
- 晚上：在大理古城内品尝美食，体验当地的夜生活。

第三天：大理
- 上午：租一辆电动车或汽车，沿着洱海环海公路游览，欣赏洱海的美景。
- 中午：在沿途的小镇或景点品尝当地美食。
- 下午：继续游览洱海，可选择在喜洲古镇、双廊古镇等地方停留。
- 晚上：返回大理市区，休息或自由活动。

第四天：大理 - 丽江
- 上午：乘坐汽车前往丽江。
- 中午：到达丽江后，前往酒店办理入住手续。
- 下午：游览丽江古城，感受古城的浪漫氛围。
- 晚上：在丽江古城内品尝美食，欣赏古城的夜景。

第五天：丽江 - 太原
- 上午：游览玉龙雪山，欣赏雪山的壮丽景色。
- 中午：在玉龙雪山景区内品尝美食。
- 下午：前往丽江机场，乘坐飞机返回太原。

注意事项：
1. 提前预订机票、酒店和景点门票，确保行程顺利。
2. 注意天气情况，合理安排行程和携带衣物。
3. 在旅途中注意安全，特别是在游览景点和乘坐交通工具时。
4. 尊重当地的风俗习惯和文化差异，文明旅游。
5. 注意保护环境，不乱扔垃圾。

以上行程仅供参考，你可以根据自己的兴趣和时间进行调整和安排。希望你在云南度过一个愉快的旅程！

图 15-1　AI 生成初步旅游行程规划

这份计划按天安排了每一日上午、下午和晚上的行程，但是稍显简单，不够细致，我们希望它能更具体些，给出关于行程的详细建议，这样一来，当我们开启这段旅程或执行该计划时，便能提前知晓所有细节，减少不必要的迷茫与慌乱。我们可以在这份行程安排的基础上，继续与豆包 AI 提供更具体的信息和需求，如我们的旅行目的地、出行时间、旅行主题、住宿和餐饮偏好等。这些信息将帮助 AI 更好地理解我们的旅行期望，并为我们制定更符合需求的行程。

步骤二：细化修改行程规划

1. 初次修改行程规划

我们在搜索栏中输入"可以再详细一点吗？"，豆包 AI 马上就生成了一个更为详细的行程单，包括每天的行程安排、景点游览顺序、用餐推荐、住宿建议、交通指南等详细信息，如图 15-2、图 15-3 所示。

第一天：太原 - 昆明

- **上午**：从太原武宿机场乘坐飞机前往昆明长水机场。抵达后，乘坐机场大巴或地铁前往预订酒店办理入住手续，稍作休息，缓解旅途疲劳。
- **中午**：在酒店附近的餐馆品尝昆明的特色美食，如豆花米线、小锅米线等，感受云南米线的独特风味。
- **下午**：前往翠湖公园，冬季可以观赏到来自西伯利亚的红嘴鸥，欣赏湖光山色和海鸥飞舞的美景；之后前往滇池，它是云南最大的淡水湖，可乘坐游船游览滇池，近距离欣赏湖景，还可以参观滇池海埂公园，这里有众多的花卉植物和休闲设施❶❹。
- **晚上**：到昆明市区的南屏街，这里有各种云南特色小吃和餐厅，可以品尝到汽锅鸡、野生菌火锅等美食，体验昆明的夜生活。

第二天：昆明 - 大理

- **上午**：乘坐动车从昆明前往大理，途中欣赏云南的美丽风光❷❹。
- **中午**：抵达大理后，前往大理古城附近的酒店办理入住。在古城内的餐馆享用午餐，推荐品尝大理特色的破酥粑粑、饵丝等。
- **下午**：游览大理古城，漫步在古城的石板路上，欣赏白族传统的建筑风格，参观古城内的五华楼、洋人街等景点，感受古城的历史文化和悠闲氛围；之后前往崇圣寺三塔，它是大理的标志性建筑，由一大二小三个塔组成，造型优美，可在这里拍照留念，了解佛教文化❶❹。
- **晚上**：在大理古城内的餐厅品尝白族特色美食，如白族三道茶、酸辣鱼等，饭后可以在古城内的酒吧或咖啡馆坐一坐，享受大理的夜晚。

图 15-2　初次修改行程规划（1）

实训 15 AI 自动生成旅游行程规划

第三天：大理
- **上午**：租一辆电动车或汽车，沿着洱海环海东路或西路游览，欣赏洱海的绝美湖景，途中可以在龙龛码头、才村码头等地方停留拍照，还可以体验洱海骑行的乐趣④。
- **中午**：在环海途中的小镇或餐馆品尝当地美食，如洱海鱼、海菜芋头汤等。
- **下午**：继续环洱海之旅，前往喜洲古镇，这里保存了大量的白族民居建筑群，可参观严家大院，了解白族的民俗文化和传统生活方式；之后前往双廊古镇，它位于洱海东岸，拥有"苍海风光第一镇"的美誉，可在双廊的海边客栈或咖啡馆休息，欣赏洱海的湖光山色和对面的苍山雪景①④。
- **晚上**：返回大理市区，可在市区的餐厅享用晚餐，品尝大理的特色烧烤等美食，饭后可在市区逛逛，感受大理的城市风貌。

第四天：大理 - 丽江
- **上午**：乘坐汽车从大理前往丽江，途中欣赏滇西北的自然风光③④⑥。
- **中午**：抵达丽江后，前往丽江古城附近的酒店办理入住。在古城内的餐馆品尝丽江特色美食，如纳西烤肉、鸡豆凉粉等④。
- **下午**：游览丽江古城，漫步在古城的大街小巷，欣赏纳西族传统的建筑风格，参观四方街、木府等景点，了解纳西族的历史文化和传统习俗；之后前往狮子山，登上狮子山的观景台，可以俯瞰丽江古城的全貌，欣赏古城的全景风光④。
- **晚上**：在丽江古城内的餐厅享用晚餐，品尝丽江的腊排骨火锅等美食，饭后可以在古城内的溪流边散步，欣赏古城的夜景，还可以到酒吧街体验丽江的夜生

第五天：丽江 - 太原
- **上午**：前往玉龙雪山，可选择乘坐索道上山，欣赏雪山的壮丽景色和冰川公园的美景，还可以在蓝月谷游玩，这里的湖水湛蓝如宝石，风景如画①④。
- **中午**：在玉龙雪山景区内的餐厅或附近的餐馆用餐，品尝当地的特色菜肴。
- **下午**：前往丽江三义国际机场，乘坐飞机返回太原，结束愉快的云南之旅。

住宿建议
- **昆明**：推荐住在翠湖附近或市中心，交通便利，周边美食众多，如昆明金鹰广场酒店、汉庭酒店等④。
- **大理**：建议选择住在大理古城内或附近，方便游览古城和洱海，如大理古城风花雪月大酒店、大理洱海之门酒店等④。
- **丽江**：可住宿在丽江古城内或入口附近，能更好地体验古城的氛围，如丽江古城英迪格酒店、丽江和府洲际度假酒店等④。

交通指南
- **飞机**：太原到昆明有直飞航班，飞行时间约 3 小时左右。昆明到大理可乘坐动车，大理到丽江可乘坐汽车③④⑤。
- **动车**：昆明到大理的动车车程约 2 小时左右，二等座票价 100 多元②⑤。
- **汽车**：大理到丽江的汽车车程约 2-3 小时，票价 40-80 元不等③⑥。

图 15-3 初次修改行程规划（2）

2. 推荐行程中的交通工具

我们在搜索栏中输入"请在行程中推荐具体的航班号和动车车次信息"，豆包 AI 会按每日行程要乘坐的交通工具推荐具体的航班、车次，并标明具体的价格和用时，如图 15-4 所示。

第一天：太原 - 昆明

- 航班：
  - 昆明航 KY8262：从太原武宿 T1 机场出发，22:25 起飞，次日 01:05 到达昆明长水机场，飞行时长 2 小时 40 分钟，机票起售价 448 元。
  - 深航 ZH5462：同样从太原武宿 T1 机场 22:25 起飞，01:05 到达昆明长水机场，飞行时长 2 小时 40 分钟，起售价 840 元。
- 动车①：
  - D2582/3：太原南至昆明南，全程用时约 20 小时 18 分钟。
  - D2564/5：太原南至昆明南，全程用时约 20 小时 51 分钟。

第二天：昆明 - 大理

- 动车②：
  - D8653：昆明南 06:56 出发，09:10 到达大理，车程 2 小时 14 分钟，二等座起售价 155.5 元。
  - D8657：07:02 从昆明南出发，09:29 到达大理，车程 2 小时 27 分钟，二等座起售价 155.5 元。
  - D8661：07:07 出发，09:35 到达大理，车程 2 小时 28 分钟，二等座起售价 119.5 元。
- 航班：昆明到大理的飞行时间较短，但考虑到机场往返市区以及候机时间等因素，整体行程时间与动车相差不大，且航班时刻可能需根据实际情况选择，可在各大机票预订平台查询具体航班信息。

第三天：大理 - 丽江

- 动车③：
  - C373：09:20 从大理出发，11:30 到达丽江，车程 2 小时 10 分钟，二等座起售价 72 元。
  - C377：13:44 出发，15:56 到达丽江，车程 2 小时 12 分钟，二等座起售价 72 元。
- 汽车：大理汽车客运北站 08:30、09:50 有发往丽江的班车，票价 49 元。

第四天：丽江 - 昆明

- 航班：可在各大机票预订平台查询丽江到昆明的直飞航班，如祥鹏航空 8L9855，11:00 从丽江三义机场起飞，12:35 到达昆明长水机场等，具体航班时刻和价格因预订时间和出行日期有所不同。
- 动车：丽江到昆明的动车，如 D8794，13:25 从丽江出发，16:47 到达昆明南。

第五天：昆明 - 太原

- 航班：东航 MU5461，07:30 从昆明长水机场起飞，10:25 到达太原武宿国际机场等。
- 动车：可选择 D2586/7、D2588/5 等车次，具体行程时间和票价可参考 12306 官网④。

图 15-4　推荐行程中的交通工具

3. 推荐酒店住宿信息

我们在搜索栏中输入"请在行程中推荐具体的酒店,并标注价格",豆包 AI 会按行程推荐各个途经城市具体的酒店,并标明价格,如图 15-5 所示。

昆明
- **哈瓦那酒店(昆明长水机场店)**:价格通常在 200 元 - 300 元。酒店提供接送机服务,对于需要赶飞机的旅客来说十分方便,且性价比高,房间类型有山景房、情侣房等 ① ⑩。
- **金昆泰酒店(昆明火车站大悦城店)**:价位在 250 元 - 350 元。距离火车站较近,交通便利,周边设施齐全,环境优雅,家庭房适合亲子出行或多人入住 ① ⑩。
- **S 酒店(昆明老街南屏步行街店)**:价格在 300 元 - 400 元。位于市中心的南屏步行街附近,逛街购物、品尝美食都很便捷,酒店装修棒,还设有影音房,能带来更好的住宿体验 ① ⑩。

大理
- **大理棉花糖智能民宿(大理古城店)**:价格一般在 150 元 - 300 元。民宿位置很好,在大理古城内,房间不错,部分房间还能看到山景,设施也比较齐全,适合喜欢体验当地风情的游客 ②。
- **大理古城云舒客栈**:价格200 元 - 350 元。周边方便,环境优雅,有山景房和海景房可供选择,能让你充分感受大理的宁静与美丽 ②。
- **海亚湾酒店(大理高铁站洱海公园店)**:价格大致在 300 元 - 450 元。距离洱海公园景区较近,交通便利,设施很好,房间类型多样,如影音房、家庭房等,能满足不同旅客的需求 ②。

丽江
- **香榭雨林·冀云酒店(丽江古城店)**:价格多在 200 元 - 350 元。周边方便,设施很好,房间配备影音设备,窗外景色也不错,能为你的旅途增添一份惬意 ③ ⑥。
- **林野客栈**:价格通常在 150 元 - 300 元。位置很好,设施齐全,家庭房适合家庭出行或多人入住,能让你感受到家的温馨 ③ ⑥。

图 15-5 推荐酒店住宿信息

4. 推荐特色美食

我们在搜索栏中输入"请在行程中推荐特色美食",豆包 AI 会按行程推荐各个途经城市都有哪些特色美食,方便游客品尝打卡,如图 15-6 所示。

- **昆明**：
  - **过桥米线**：云南的代表性美食，有着丰富的配菜和鲜美的汤料❶❷❸。
  - **豆花米线**：豆花与米线的搭配，味道清爽可口。
  - **粉蒸肉**：选用猪肉和米粉蒸制而成，口感软糯，香气四溢。
  - **宜良烤鸭**：皮脆肉嫩，香味浓郁❶。
- **大理**：
  - **破酥粑粑**：有甜、咸两种口味，外酥内软❸。
  - **饵丝**：口感软糯，配上各种调料，味道十分美味。
  - **三道茶**：白族的传统饮品，包括苦茶、甜茶和回味茶。
  - **砂锅鱼**：选用洱海的鲜鱼和丰富的配料，用砂锅炖煮而成❻。
- **丽江**：
  - **腊排骨**：经过腌制和风干的排骨，味道鲜美❺。
  - **纳西烤鱼**：鱼肉鲜嫩，搭配独特的调料，味道香辣可口。
  - **鸡豆凉粉**：由鸡豆制成，口感爽滑，配上各种调料，味道酸辣可口。
  - **黑山羊火锅**：选用当地的黑山羊，肉质鲜嫩，汤鲜味美。
- **西双版纳**：
  - **傣味烧烤**：具有浓郁的傣族特色，食材新鲜，味道香辣。
  - **香茅草烤鱼**：用香茅草包裹着鱼烤制而成，香气扑鼻。
  - **菠萝紫米饭**：将菠萝和紫米一起蒸熟，味道香甜可口❸。

图 15-6　推荐特色美食

5. 推荐风土人情

我们在搜索栏中输入"云南旅游行程中各地的风土人情"，豆包 AI 会按行程推荐各个途经地区的风土人情，如图 15-7 所示。

实训 15 AI 自动生成旅游行程规划

以下是云南几个主要旅游地的风土人情：

昆明

- **民族融合与多元文化**：作为云南省会，昆明是多民族聚居之地，汉族、彝族、回族、白族等各民族在此和谐共处，共同创造了丰富多彩的文化。你可以在市区的云南民族村，一站式体验多个少数民族的建筑风格、民俗服饰、传统歌舞等①⑤⑦。
- **悠闲的生活节奏**：昆明气候宜人，四季如春，这种舒适的气候条件造就了当地人悠闲的生活方式。在公园、广场等地，常能看到人们唱歌、跳舞、下棋、打太极等，尽情享受慢生活。此外，昆明的夜市也别具特色，各种美食小吃、手工艺品琳琅满目，热闹非凡①⑤。
- **深厚的历史底蕴**：昆明历史悠久，拥有众多历史遗迹和文化景观。滇池是云南文化的发祥地之一，周边有许多古老的城镇和文化遗址。市区的金殿是云南著名的道观，建筑宏伟壮观，体现了古代建筑艺术的高超水平。此外，还有官渡古镇，保存了大量的明清时期古建筑，如妙湛寺双塔等，展现了昆明的历史变迁①⑦。
- **独特的茶文化**：昆明人喜爱喝茶，茶文化底蕴深厚。在这里，你可以品尝到各种云南特色的茶叶，如普洱茶、滇红等。无论是在茶馆里悠闲地品茶，还是参加茶艺表演，都能感受到昆明人对茶文化的热爱和传承①⑤。

大理

- **白族风情浓郁**：大理以白族为主，白族的建筑艺术独具特色，如大理古城、喜洲古镇的白族民居，以"三坊一照壁""四合五天井"为主要布局，房屋造型优美，装饰精美，木雕、石雕、彩绘等工艺精湛，展现了白族人民的智慧和审美情趣。白族的服饰也十分精美，以白色为基调，搭配色彩鲜艳的图案和配饰，女性的服饰尤为华丽，不同的图案和颜色代表着不同的寓意⑥。

图 15-7 推荐风土人情

6. 测算旅游方案花费

我们在搜索栏中输入"测算该旅游方案花费"，豆包 AI 能够根据上面行程方案中的旅行信息，如出发地点、目的地、行程天数等，自动为用户生成一份详尽的预算明细，包括交通费用、住宿费用、餐饮费用、景点门票及游玩项目费用、其他费用。这样，用户就可以对旅行花费了如指掌，更好地规划自己的旅行，如图 15-8 所示。

交通费用

- **机票**：从太原到昆明的机票，根据 12 月 15 日的查询，最低价格为 994 元左右。若提前预订或选择中转航班等，价格可能会有所降低，按平均 1000 元计算❷。
- **动车**：昆明到大理的动车二等座票价为 119.5 元 - 155.5 元不等，取中间值 130 元左右；大理到丽江的动车二等座起售价为 72 元。
- **汽车**：大理到丽江的汽车票起售价为 49 元，但不同客运站和时间段价格有所不同，按平均 60 元计算❸。
- **市内交通**：昆明、大理、丽江三地的市内交通，包括机场大巴、地铁、公交、打车等，预计 500 元左右。

综上，交通费用总计约：1000+130+72+60+500 = 1762 元

住宿费用

- **昆明**：中等档次酒店每晚价格 300-500 元，选择 350 元左右的酒店入住一晚，费用为 350 元❶❹。
- **大理**：大理古城附近的酒店，每晚价格 300-600 元不等，按 400 元一晚计算，两晚的费用为 800 元。
- **丽江**：丽江古城内或入口附近的酒店，每晚价格 350-800 元，取中间值 500 元一晚，两晚的费用为 1000 元。

所以住宿费用总计约：350+800+1000 = 2150 元

餐饮费用

- 按照正常的饮食消费，每天的餐饮费用在 200-300 元，5 天的餐饮费用大约为：250×5 = 1250 元

景点门票及游玩项目费用

- **昆明**：翠湖公园、滇池等景点免费，若乘坐滇池游船，费用 50-100 元。
- **大理**：大理古城免费，崇圣寺三塔门票约 70 元左右，洱海游船等项目根据选择不同价格在 100-200 元不等，按平均 150 元计算。
- **丽江**：丽江古城维护费 50 元（有些情况下可能不需要缴纳），木府门票 40 元左右，玉龙雪山门票 + 索道 + 环保车等费用约 300 元左右。

因此，景点门票及游玩项目费用总计约：80+70+150+50+40+300 = 690 元

其他费用

包括购物、娱乐等其他杂项费用，预计 500 元左右。

根据以上各项费用的测算，此次太原到云南 5 天 4 晚的旅游方案总花费大约为：1762+2150+1250+690+500 = 6352 元

图 15-8　测算旅游方案花费

[实训总结]

通过本次实训，学生不仅能够认识到 AI 在旅游行程规划中的优势，还能够掌握 AI 生成旅游行程规划的方法，具备利用 AI 技术高效、准确地制定旅

实训 15　AI 自动生成旅游行程规划

游行程规划的能力。本实训仅为 AI 生成旅游行程规划的部分功能，我们可以通过与 AI 的多轮对话，让 AI 了解旅游者的旅游目的（如休闲度假、文化探索、冒险运动等）、兴趣点（如历史古迹、自然风光、美食体验等）、出行方式偏好（如飞机、高铁、自驾等）、预算范围、旅游时间长度、同行人员情况（如家庭出游、情侣出行、朋友结伴等）等详细信息，从而生成更加详尽的计划，才能真正为整个行程或项目的顺利推进保驾护航，让每一个环节都紧密相扣，也让旅游者能全身心地沉浸其中，尽情领略各地的魅力与精彩，收获一段丰富而难忘的经历。

[实训评价]

请根据本实训的完成情况进行评价并填写实训评价表 15。

表 15　实训评价表

实训环节	评价指标	分值	自评	师评
实训准备	了解生成式人工智能（AIGC）的概念	10		
	了解常用的 AI 工具有哪些	10		
	认识 AI 在旅游行程规划中的优势	10		
实训步骤	掌握 AI 生成旅游行程规划的方法	15		
	能利用 AI 技术高效、准确地制定旅游行程规划	15		
	运用创新思维，尝试不同的参数组合和设置，探索更多可能的旅游行程规划方案	10		
	面对 AI 生成的行程规划中存在的问题或不足，能够独立思考并提出解决方案，提升解决问题的能力	10		
实训体会		20		
	评分	100		

实训 16 旅游数据泄露案例分析

[实训场景]

在当今数字化时代，旅游业的蓬勃发展与信息技术的深度融合息息相关，旅游数据作为行业的核心资产之一，其重要性不言而喻。旅游数据不仅涵盖了游客的个人身份信息、联系方式、支付信息等敏感内容，还涉及旅游企业的运营数据、商业机密等关键信息。然而，近年来旅游数据泄露事件频繁发生，给游客和旅游企业带来了严重的危害，如个人隐私被侵犯、财产遭受损失、企业声誉受损以及面临法律风险等，这使得旅游数据安全问题成为旅游业发展中亟待解决的重要课题。

[实训目标]

- 熟悉数据安全相关法律法规。
- 了解旅游数据泄露的途径、危害及预防和应对措施。
- 能够结合相关资料，对旅游数据泄露案例进行分析，并给出处理建议。

[实训准备]

一、必备知识

随着信息技术在旅游业的广泛应用，旅游数据的收集、存储、传输和使用等环节日益复杂，数据泄露风险也随之增加。在此背景下，各国政府纷纷出台了严格的数据保护法律法规，加强对旅游企业数据安全的监管力度。例如，欧盟的《通用数据保护条例》（GDPR）、中国的《网络安全法》和《数据安全

实训 16 旅游数据泄露案例分析

法》等,都对旅游企业在数据处理过程中的责任和义务做出了明确规定。然而,尽管有法律法规的约束,旅游数据泄露事件仍时有发生,这反映出旅游企业在数据安全管理方面存在诸多漏洞和不足,也凸显了进一步加强旅游数据保护措施、完善数据安全管理体系的紧迫性。

《数据安全法》第一章第三条,给出了"数据安全"的定义:是指通过采取必要措施,确保数据处于有效保护和合法利用的状态,以及具备保障持续安全状态的能力。本法所称"数据",是指任何以电子或者其他方式对信息的记录。"数据处理",包括数据的收集、存储、使用、加工、传输、提供、公开等。

国家保护个人、组织与数据有关的权益,鼓励数据依法合理有效利用,保障数据依法有序自由流动,促进以数据为关键要素的数字经济发展。开展数据处理活动,应当遵守法律、法规,尊重社会公德和伦理,遵守商业道德和职业道德,诚实守信,履行数据安全保护义务,承担社会责任,不得危害国家安全、公共利益,不得损害个人、组织的合法权益。

1. 泄露途径

网络攻击:黑客通过利用软件漏洞、弱密码等方式入侵旅游企业的网络系统,获取敏感数据。例如,通过 SQL 注入攻击获取数据库中的用户信息,或利用恶意软件感染企业设备,窃取数据。

内部人员问题:员工的疏忽或恶意行为也可能导致数据泄露。如误将包含敏感数据的邮件发送给错误的收件人、使用移动存储设备时丢失数据,或因利益诱惑故意窃取和泄露数据。

第三方合作伙伴漏洞:旅游企业与众多第三方合作伙伴共享数据,若合作伙伴的安全措施不到位,也可能引发数据泄露。比如云服务提供商的服务器被黑客攻击,导致存储在其上的旅游企业客户数据泄露。

2. 危害影响

(1)个人层面。

隐私侵犯:个人信息泄露可能导致身份盗窃,诈骗分子可冒充受害者申请贷款、信用卡等,还可能被用于制作针对性的网络钓鱼电子邮件,引导收件人上当受骗。

财务损失：受害者可能需花费时间和金钱恢复信用记录，防止进一步财务损失，如支付信用监控服务费用及处理身份恢复手续费用。

（2）企业和组织层面。

经济损失：包括数据恢复成本、法律赔偿等直接损失，以及因声誉受损导致的业务损失等间接损失。企业可能需支付巨额赔偿金给受影响的客户，同时客户流失会使营业收入下降。

声誉受损：数据泄露事件会引起公众关注，损害企业声誉，降低消费者对企业的信任度，进而导致客户流失，影响企业的长期发展。

3. 预防和应对措施

（1）技术手段。

网络安全防护：部署防火墙、入侵检测系统/入侵防御系统（IDS/IPS），使用加密技术对网络传输中的数据进行加密，防止数据在传输过程中被窃取。

数据访问控制：通过身份验证和授权机制，限制对敏感数据的访问，如采用多因素认证（MFA）要求用户在登录时提供多种身份验证因素。

数据加密与备份：对重要数据进行加密存储，定期备份数据，以便在数据泄露或丢失时能够快速恢复。

（2）人员管理。

培训教育：对员工进行数据安全意识培训，使其了解数据泄露的风险和正确的数据处理方式，如识别钓鱼邮件、避免点击可疑链接等。

内部监控和审计：建立内部监控机制，对员工的数据访问行为进行审计，及时发现和处理异常行为，防止内部人员恶意泄露数据。

应急响应计划：制定数据泄露应急响应计划，明确在数据泄露事件发生时应采取的步骤，包括及时发现泄露源、评估泄露范围和影响、通知相关方，以及采取措施防止数据进一步泄露等。

二、案例资料

操作视频16：
旅游大数据泄露

[实训步骤]

步骤一：阅读案例

墨尔本 Inspiring Vacations 旅行社数据外泄事件。

2023 年 11 月底，网络安全研究员 Jeremiah Fowler 发现一个无密码保护的数据库被泄露到网上。该数据库属于墨尔本 Inspiring Vacations 旅行社，包含约 11.2 万条记录，总计 26.8GB 数据。Fowler 向该旅行社和《悉尼晨锋报》报告了此漏洞，随后数据库被保护起来，Fowler 未下载未编辑的文件。

泄露信息包含 3 部分。

个人身份信息：数据库中包含大量高分辨率护照图像、旅行签证证书，其中多数受影响者为澳大利亚公民，也有来自新西兰、英国和爱尔兰的旅客。此外，约 1000 份简历文件被曝光，包含全名、地址、电话号码和电子邮件地址等。

旅行相关文件：约 2.4 万个行程和电子机票 PDF 文件被泄露，部分文件包含部分信用卡号码。

内部商业文件：包括 48 个 xls 电子表格，详细记录了 13684 名客户的姓名、电子邮件地址、旅行费用、目的地等信息，以及 1.7 万份给合作伙伴和附属机构的税务发票，注明了总成本和支付的佣金。

步骤二：查阅相关资料

《数据安全法》《个人信息保护法》等。

步骤三：对案例进行分析

1. 事件原因

技术层面：被暴露的数据库是一个亚马逊 AWS 云存储库，该存储库被错误配置为允许公众访问，这一低级错误使得黑客能够轻易地获取数据库中的敏感信息，凸显了旅行社在云存储安全设置方面的严重疏忽。

管理层面：旅行社可能在数据管理和安全策略方面存在漏洞，未能建立有效的数据访问控制和监控机制，导致数据在长时间内处于无保护状态，且无法及时发现和阻止数据泄露事件的发生。

意识层面：员工对数据安全的重要性认识不足，缺乏必要的安全培训，可能在日常工作中因操作不当或疏忽而导致数据泄露风险增加。

2. 事件影响

个人隐私与安全：旅客的个人信息被泄露，面临着身份盗窃、信用卡诈骗、网络钓鱼等多种风险，个人的财产安全和隐私受到严重威胁，可能导致个人经济损失和信用受损。

旅行社声誉与业务：这一事件严重损害了 Inspiring Vacations 旅行社的声誉，旅客对其数据保护能力产生质疑，可能导致客户流失，影响旅行社的业务发展和市场竞争力。此外，旅行社还可能面临法律诉讼和监管机构的处罚。

行业信任危机：该事件引发了公众对整个旅游行业数据安全的担忧，降低了消费者对旅游企业的信任度，可能影响整个行业的发展，促使监管机构加强对旅游行业数据安全的监管力度。

步骤四：给出处理建议

1. 应对措施

旅行社：在事件发生后，Inspiring Vacations 旅行社表示正在调查此事，并已通知包括澳大利亚信息专员办公室（OAIC）和澳大利亚网络安全中心（ACSC）在内的监管机构，还联系了员工和客户，宣布在外部专家的支持下对这些指称进行调查，并表示会随着调查的推进向利益相关者通报最新情况。

监管机构：澳大利亚信息专员办公室正在对 Inspiring Vacations 进行初步询问，以了解其是否遵守了数据泄露通报计划，后续可能会根据调查结果对旅行社采取相应的监管措施。

个人：受影响的旅客应密切关注自己的个人信息和账户动态，如发现异常交易或可疑活动，及时采取措施保护自己的权益，如更改密码、冻结账户等，还可以寻求专业机构的帮助和建议。

2. 经验教训与启示

企业数据安全管理：企业应加强数据安全管理，建立完善的数据安全策略和制度，包括数据分类分级、访问控制、加密存储、定期备份等措施，同时要

实训 16　旅游数据泄露案例分析

加强对员工的安全培训，提高员工的数据安全意识和操作技能。

云服务安全配置：对于使用云存储等云服务的企业，要确保云服务的安全配置正确无误，定期检查和评估云服务的安全性，及时发现和修复潜在的安全漏洞。

应急响应与沟通机制：企业应建立健全应急响应机制，在数据泄露事件发生后能够迅速采取有效的应对措施，如及时封锁漏洞、通知相关方、开展调查等，同时要保持与客户、监管机构等的良好沟通，及时回应关切，避免因信息不透明而导致的信任危机。

行业监管与合作：监管机构应加强对旅游行业等数据密集型行业的监管力度，制定更加严格的数据安全标准和规范，推动企业加强数据安全保护，同时，企业之间也应加强合作与交流，共同应对数据安全挑战，分享经验和最佳实践成果。

[实训总结]

通过本实训的学习，让学生了解数据安全基本知识，知道数据安全相关政策与法律法规，尤其是《数据安全法》和《个人信息保护法》，对其内容进行解读，根据所学法律知识，查找资料，进行案例分析，给出处理建议。

数据安全在当今数字化时代极其重要，无论是企业还是监管部门，都应秉持正确的价值观与法治理念，共同努力维护数据安全与个人信息权益，构建一个安全、可信、和谐的网络空间与社会环境。

[实训评价]

请根据本实训的完成情况进行评价并填写实训评价表 16。

表 16　实训评价表

实训环节	评价指标	分值	自评	师评
实训准备	了解旅游数据泄露途径	10		
	了解旅游数据泄露危害影响	10		
	了解旅游数据泄露的预防和应对措施	10		

续表

实训环节	评价指标	分值	自评	师评
实训步骤	熟悉数据安全相关法律法规	10		
	能够结合相关资料，对旅游数据泄露案例进行分析	20		
	能够结合相关资料给出处理建议	20		
实训体会		20		
	评分	100		